Didier Billion

LA TURQUIE, UN PARTENAIRE INCONTOURNABLE

●Éditions
EYROLLES

Éditions Eyrolles
61, bd Saint-Germain
75240 Paris Cedex 05
www.editions-eyrolles.com

Une collection dirigée par Pascal Boniface

Correction : Céline Maurice
Création de maquette et mise en pages : Facompo, Lisieux
Cartes : Légende cartographie

En application de la loi du 11 mars 1957, il est interdit de reproduire intégralement ou partiellement le présent ouvrage, sur quelque support que ce soit, sans l'autorisation de l'éditeur ou du Centre français d'exploitation du droit de copie, 20, rue des Grands-Augustins, 75006 Paris.

ISBN : 978-2-416-00351-6
© Éditions Eyrolles, 2021

Sommaire

Un pays qui résiste aux analyses binaires 9

Chapitre 1. Une vie politique marquée par des crises récurrentes 11

Huit décennies de tensions multiples : brève mise en perspective historique..... 11
    La révolution kémaliste 11
    Le difficile apprentissage du multipartisme 11
    La décennie 1970 13
    Le coup d'État de septembre 1980 14
    Les années Özal 15
    L'improbable stabilisation des années 1990, la décennie perdue 16

La domination politique de l'AKP depuis 2002 19
    Genèse et tentative de définition de l'AKP 19
    Un autoritarisme politique structurant 22
    Rupture au sein de l'islam politique turc 26
    Les conséquences de la tentative de coup d'État du 15 juillet 2016 29
    Des partis d'opposition parlementaire à la peine 32
    Les élections municipales du printemps 2019 : vers un tournant politique ?..... 36

Chapitre 2. Un pays en transitions rapides 45

Une économie à fort potentiel 45
    Données macro-économiques générales 45
    La capacité de résilience de l'économie turque 46
    Le libéralisme économique à la turque : potentiel et contradictions 48
    Une conjoncture difficile 52

Des transformations démographiques et sociologiques d'ampleur 57
    Urbanisation accélérée et irréversible 57
    Croissance démographique naturelle ralentie 58
    Fécondité en baisse constante 58
    Mortalité de plus en plus tardive 59
    Amorce d'un fort vieillissement démographique 59
    Éducation, emploi et émancipation des femmes 60
    Prospective démographique aux horizons 2030-2050 62
    Les futurs démographiques envisageables 64
    Population vieillissante : la nécessité de réformes économiques et sociales........ 65

Chapitre 3. La laïcité et l'institution militaire : deux exemples des transformations de la société turque 69

  Sphère publique, sphère religieuse : quelle laïcité ? 69
    L'accession de l'AKP au gouvernement 69
    Les spécificités de la laïcité turque 70
    La singularité alévie 73
    Les débats initialement portés par l'AKP 75
    La pratique de l'AKP au pouvoir 78

  L'affaiblissement du rôle politique de l'institution militaire 82
    Le rôle constitutionnel de l'armée 83
    La limitation graduelle du rôle de l'institution militaire 86
    Les conséquences de la tentative de coup d'État de juillet 2016 sur l'institution militaire 90

Chapitre 4. La centralité du fait kurde 97

  Comment se pose la question kurde en Turquie ? 97
  2012-2015 : avancées raisonnées, échec réel 100
  Le HDP : sa nature, ses dynamiques, son agenda 103
  L'influence de la situation régionale 109
    La région autonome du Kurdistan d'Irak : une coopération instrumentalisée 109
    La hantise du Rojava et du PKK 112
  Pistes de sortie de crise 114

Chapitre 5. Une politique extérieure ambitieuse et contrariée 121

  Remarques méthodologiques 121
  Brève mise en perspective historique 123
    Alignement sur les puissances occidentales 123
    Tentatives de diversification et d'autonomisation 125
    La recherche d'une forme d'équilibre 128
  L'enthousiasme des années 1990 129
  Les années 2000 : vers une nouvelle politique extérieure ? 132
  Conséquences de l'onde de choc politique des soulèvements arabes 142
  Vers de nouvelles alliances ? 146

Chapitre 6. Le blocage européen 161

  Une relation équivoque 161

Multiplication des motifs de crispation et brouillage des perceptions :
turcoscepticisme *versus* euroscepticisme 167
    La tentation européenne du repli : le projet en crise 169
    Les tentations turques de nouveaux horizons : mythes et réalités 170
    Adhésion, intégration, négociations, partenariat privilégié :
    le piège des mots et des postures 171
    Des perceptions réciproques biaisées 173

La relation euro-turque comme multiplicateur de puissance 174

Refonder la relation 176
    Se parer des postures contre-productives 176
    Privilégier dialogue et pragmatisme 177

Quels projets pour quelle dynamique vertueuse ? 178

Pour conclure... provisoirement 185

Annexe 187

Bibliographe indicative 191

Un pays incontournable dans un environnement complexe

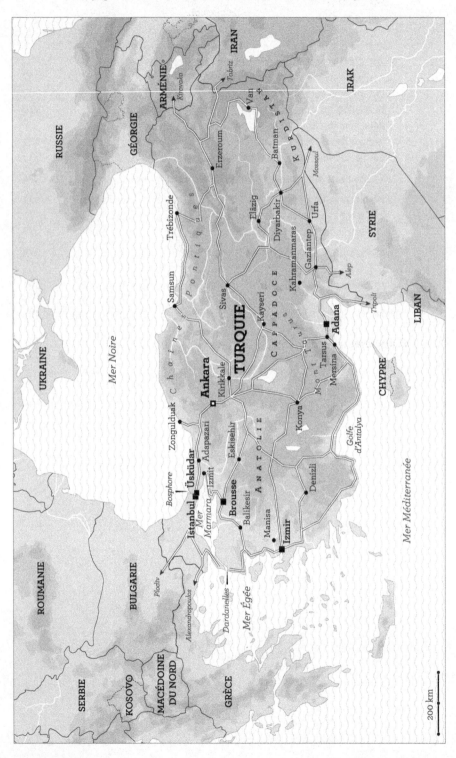

La Turquie en 2021

PIB : 760 940 millions de $
NATURE DU RÉGIME : République
CHEF D'ÉTAT : Recep Tayyip Erdoğan
CHEF DE GOUVERNEMENT : Recep Tayyip Erdoğan
PROCHAINES ÉLECTIONS NATIONALES : 2023 (élections présidentielles et législatives)
SUPERFICIE : 785 350 km²
POPULATION : 83 429 615 hab.
CAPITALE : Ankara
ORGANISATIONS INTERNATIONALES : ONU, CE, FMI, OTAN, OCDE, OCI, OSCE, OMC, Unesco, OCE, AIEA

ÉCONOMIE ET COMMERCE

MONNAIE	livre turque
PART DU PIB MONDIAL	0,88 %
PIB/HAB	9 120,74 $/hab.
PIB/HAB. EN PPA	28 133,09 $/hab.

Structure du PIB
- Primaire (7,4 %)
- Secondaire (31,2 %)
- Tertiaire (61,4 %)

CROISSANCE ANNUELLE MOYENNE 2011-2020	5,16 %
CROISSANCE EN 2020	1,79 %
TAUX DE CHÔMAGE (JEUNES)	13,67 % (24,64 %)
DETTE PUBLIQUE	32,6 % du PIB

RÉSERVES OFFICIELLES	105 619,67 millions de $
SOLDE BALANCE COURANTE	6 759 millions de $
R&D	0,96 % du PIB (2017)
APD (RECEVEUR)	0,11 % du RNB
APD (DONNEUR)	1,15 % du RNB
EXPORTATIONS	180 833 millions de $
IMPORTATIONS	210 345 millions de $

Principaux clients et fournisseurs de marchandises en 2019 (%)

- Clients / Fournisseurs : UE, Royaume-Uni, Irak, États-Unis, Israël, Russie, Chine, Inde

DÉMOGRAPHIE

Densité	108,4 hab.km²
Population urbaine	75,63 %
Ville(s) de plus de 1 million d'hbaitants	8 (36,96 % de la population)
Part des - de 15 ans	24,29 %
Part des + de 65 ans	8,73 %
Indice de fécondité	2,06
Taux de natalité	15,78 ‰
Taux de mortalité	5,44 ‰
Taux de mortalité infantile	8,6 ‰
Espérance de vie	femmes : 80,67 ans / hommes : 76,44 ans

SOCIÉTÉ

Langue(s) principale(s)	officielle : turc kurde
Religion(s) principale(s)	musulmans : 98 %
IDH	0,820
Indice de Gini	41,9 %
Taux de pauvreté	14,4 % (2018)
Alphabétisation	96,15 % (2017)
Femmes au Parlement	17,3 %
Budget éducation	nc
Budget santé	3,19 % du PIB
Médecins (pour 1 000 hab.)	1,81 (2018)
Équipements (pour 100 hab.)	internet : 73,98 téléphones portables : 96,84

Source : Pascal Boniface (dir.), *L'Année stratégique* 2022, Paris, IRIS/Armand Colin, 2021.

Un pays qui résiste aux analyses binaires

La Turquie est une terre de paradoxes qui résiste aux analyses sommaires. Le pays, présenté il y a seulement quelques années, à tort, comme un « modèle », est aujourd'hui traversé par de préoccupantes discordances dans un environnement géopolitique particulièrement instable. Située à seulement quelques petites heures d'avion de la plupart des capitales de l'Union européenne, la Turquie reste pourtant mal connue, souvent victime d'*a priori* et de jugements négatifs à l'emporte-pièce et caricaturaux. Il faut certes admettre que les soubresauts qui alimentent l'actualité politique du pays au cours des années et des mois récents en rendent difficile une appréhension raisonnée. Il apparaît donc nécessaire de mettre en perspective ces évolutions, pour décrypter les processus à l'œuvre en se prémunissant de la facilité des raisonnements binaires. C'est l'objectif de cet essai.

La Turquie ne mérite en réalité ni assaut de complaisance ni excès d'indignité. Les bouleversements économiques et sociologiques des dernières années induisent non seulement des contradictions mais aussi des résistances à l'égard de ce que d'aucuns appellent communément la modernité, phénomène somme toute assez classique au sein des États qui parviennent à s'émanciper du sous- ou du mal-développement à un rythme accéléré. Les formes de polarisation économiques, sociales, politiques ou géopolitiques, exacerbées par la rhétorique anxiogène utilisée par le président Recep Tayyip Erdoğan, sont nombreuses et ne manquent certes pas d'interroger. Les conséquences de la tentative de coup d'État, heureusement avortée, du 15 juillet 2016, amplifient ces multiples tensions. Il est donc légitime de s'interroger sur l'avenir de moyen terme pour tenter de fournir des clés de compréhension et élaborer une grille d'analyse permettant de saisir au mieux les dynamiques en cours.

Pour ce faire, il convient de distinguer l'énorme potentiel dont ce pays est riche et les politiques problématiques mises en œuvre par le pouvoir actuel qui tend à dilapider des atouts qui restent néanmoins nombreux. En d'autres termes, il faut apprendre, au risque de ne rien comprendre, à distinguer la conjoncture, difficile, de la période, qui reste porteuse d'avenir pour un pays devenu incontournable sur les scènes régionale et internationale.

Chapitre 1

Une vie politique marquée par des crises récurrentes

Huit décennies de tensions multiples : brève mise en perspective historique

La révolution kémaliste

La proclamation de la République de Turquie, le 29 octobre 1923, constitue une rupture radicale avec le passé ottoman et met en place les bases d'une société nouvelle sous l'impulsion de Mustafa Kemal, bientôt nommé Atatürk. L'impressionnante batterie de réformes qui permit de transformer la société visait fondamentalement, selon les kémalistes, à libérer l'individu des contraintes communautaires, ethniques ou religieuses, pour instaurer une République unitaire, turque et sunnite, ne reconnaissant aucune minorité. Le processus fut réalisé à marche forcée, car il s'agissait alors d'instaurer de nouveaux paradigmes sociaux. C'est le volontarisme des élites kémalistes qui permit la réalisation de ces réformes autoritaires, afin de créer les conditions d'émergence d'un système politique susceptible d'assurer les fondements d'une économie capitaliste et la cristallisation d'une bourgeoisie nationale. La cohérence de ces réformes provient de la conviction de leurs initiateurs que l'accès à la modernité ne pouvait emprunter qu'une voie unique, celle de l'Europe, qui incarnait à leurs yeux le modèle occidental à atteindre.

Le difficile apprentissage du multipartisme

Un système multipartite est instauré dès 1946, ce qui permet quatre ans plus tard la première alternance politique de la Turquie républicaine, en 1950, et le passage dans l'opposition du kémaliste Parti républicain du peuple (CHP), qui dominait la vie politique depuis sa création en 1923. Très graduellement, les citoyens turcs vont ainsi s'approprier les us et coutumes d'un système parlementaire. Pour autant, le Parti démocrate (DP), vainqueur des élections, s'il s'était résolument opposé au système du parti unique, n'en tomba pas moins à son tour dans les mêmes travers, révélant la persistance des caractéristiques d'un régime autoritaire.

Si la période durant laquelle le Parti démocrate exerça ses responsabilités permit une véritable libération de la parole, le bilan d'ensemble est toutefois pour le moins négatif. Les résultats économiques de plus en plus catastrophiques, les atteintes répétées aux droits démocratiques et le développement d'une contestation organisée par le CHP amenèrent à l'intervention militaire du 27 mai 1960, la première d'une longue série.

Le paradoxe, c'est qu'à l'initiative du Comité d'union nationale issu du coup d'État, une nouvelle constitution est élaborée qui reste probablement la plus démocratique de l'histoire de la Turquie républicaine. Les garanties des libertés d'expression, d'association et de publication y sont ainsi précisément codifiées. Sont aussi mentionnés les droits économiques et sociaux, et pour la première fois, malgré quelques limitations législatives, le droit de grève est reconnu. La naissance de la deuxième République suscite alors un climat de liberté et un bouillonnement d'idées encore jamais atteints en Turquie.

Pour autant, les activités politiques, grèves et manifestations qui se multiplient provoquent une deuxième intervention militaire, le 12 mars 1971, qui prend la forme d'un mémorandum adressé aux civils. Le régime extraordinaire, qui suivit durant environ deux années, n'écarta toutefois ni le Parlement ni les partis politiques représentés dans ce dernier – à l'exception du Parti ouvrier de Turquie qui est interdit en juillet 1971 –, et des élections législatives furent organisées dès octobre 1973.

On touche là cependant aux limites d'un réformisme militaire autoproclamé. Cette deuxième intervention de l'armée est manifestement l'expression d'une alliance conjoncturelle entre les élites bureaucratiques, civiles et militaires, et la bourgeoisie. Cette dernière, issue du développement économique conduit par le Parti démocrate, mais alarmée par l'accumulation des revendications populaires, s'est en effet ralliée à l'élite bureaucratique.

La décennie 1970

Les sept années qui s'écoulent entre la victoire électorale du CHP dirigé par Bülent Ecevit, en octobre 1973, et le coup d'État militaire du 12 septembre 1980 marquent très profondément le champ politique turc et portent à incandescence les contradictions sociales et politiques. Même s'il se décline en Turquie sous des formes paroxystiques, ce mouvement de radicalisation est comparable à celui qui se développe concomitamment dans plusieurs pays d'Europe occidentale. Apparaissent ainsi de nouvelles lignes de clivage au sein de la société turque qui bouleversent les rapports sociaux traditionnels et entraînent le passage des formes communautaires d'allégeance, que le kémalisme n'était pas parvenu à éradiquer, à des formes d'identification et de solidarité de classe.

C'est également la période durant laquelle la distanciation avec le bloc occidental, dans ses deux composantes états-unienne et ouest-européenne, se fait la plus visible et la plus théorisée, alors que, paradoxalement, la très profonde dépendance à l'égard de l'extérieur rend illusoire la mise en place d'une politique d'indépendance pourtant réclamée par la quasi-totalité des acteurs politiques.

Il convient de rappeler aussi les phénomènes de violence exacerbée qui se cristallisent au cœur même de la vie politique. Les chiffres les plus couramment avancés en ce qui concerne les décès dus à des affrontements politiques ou à des actes terroristes atteignent le chiffre de 1 000 morts environ en 1978 et quasi le double en 1979[1]*.

---

* Les notes sont placées en fin de chapitre.

Le coup d'État de septembre 1980

Enlisée dans de graves difficultés économiques, sociales et politiques, la Turquie avait appris la détermination de l'état-major militaire dès le 2 janvier 1980, quand les cinq chefs des armées firent savoir, par un message lu à la radio nationale, qu'ils prendraient toutes les mesures nécessaires si la classe politique ne réagissait pas rapidement pour rétablir l'autorité de l'État et lutter efficacement contre le terrorisme[2]. Le coup d'État militaire ne fut donc pas réellement une surprise.

Au matin du 12 septembre 1980, le Conseil national de sécurité formé par le chef d'état-major et les commandants en chef des trois armées et de la gendarmerie, par la voix de son président Kenan Evren, justifie l'intervention par l'imminence d'une véritable guerre civile et par l'impuissance des institutions étatiques et des formations politiques face à ce danger. C'est donc la troisième irruption de l'institution militaire dans la vie politique du pays depuis 1960.

L'intervention militaire de 1980 procède toutefois d'une dynamique politique différente et s'assigne ouvertement des objectifs d'une autre nature. Tout d'abord par la dureté et l'ampleur de la répression : arrestations, tortures, procès politiques se multiplient[3]. Ensuite, la nouvelle Constitution – préparée par une Assemblée consultative désignée par le Conseil national de sécurité – adoptée le 7 novembre 1982 par 91,4 % des suffrages exprimés dans un contexte d'absence de droits démocratiques élémentaires, établit une véritable « démocratie autoritaire » sous la surveillance des forces armées. Comme l'explique Bülent Tanör, la Constitution de 1982 représente un des rares exemples constitutionnels où l'État se voit plus protégé que l'individu[4].

Après avoir institué le cadre constitutionnel désiré, les militaires décidèrent de transférer le pouvoir aux civils en organisant des élections législatives en novembre 1983, dans un cadre fort restrictif de « démocratie contrôlée ». Pourtant, au grand dam de la junte, c'est un nouveau venu, le Parti de la mère patrie (ANAP), qui arriva largement en tête, avec 45,1 % des suffrages exprimés et 211 sièges de députés sur 400. Aussi, les militaires subirent-ils un net revers qui, sans remettre en cause le cadre institutionnel mis en place, indiquait pourtant assez nettement que les citoyens n'acceptaient pas de se voir indéfiniment dicter leur comportement politique par l'institution militaire.

L'émergence puis l'enracinement de l'ANAP de Turgut Özal le conduisent à nettement dominer la vie politique turque au cours des années suivantes.

Les années Özal

Le parcours et la carrière de Turgut Özal constituent une mise en abyme des évolutions de la société. Ses origines sociales, son parcours professionnel et politique, ses convictions idéologiques, ses rapports à l'État et à la société civile, sa conception des relations internationales en font une sorte de concentré des évolutions de la Turquie au cours de la décennie 1980. Personnage complexe, tiraillé entre la modernité et le conservatisme, il a su impulser un véritable tournant dans l'histoire de la Turquie républicaine.

L'ANAP est à la fois un parti de droite classique mais aussi d'un type nouveau dans le contexte turc. Se réclamant du libéralisme économique et du conservatisme social, il défend surtout l'idée, à la différence de la tradition kémaliste, que l'État existe pour la nation et non l'inverse. Par ailleurs, Turgut Özal est probablement le premier à saisir que le centre de gravité sociologique de la société turque s'est déplacé, et qu'il repose désormais sur les classes moyennes, rurales et urbaines. L'ANAP constitue alors une sorte de parti attrape-tout, développant une idéologie populiste dans une conjoncture où les citoyens turcs sont socialement atomisés en raison de la destruction quasi complète des organisations syndicales et associatives par le coup d'État de 1980.

À partir de 1983, Turgut Özal, devenu Premier ministre, reconquiert avec une tenace obstination un espace politique pour le gouvernement civil et les partis représentés au Parlement. Par touches successives, au nom d'un libéralisme économique dont il se veut le disciple résolu, il élimine dans la pratique, sinon dans la législation, les vestiges les plus voyants non seulement de la dictature militaire mais aussi de l'étatisme kémaliste et républicain.

L'exaltation continûment répétée des forces du marché par les dirigeants de l'ANAP[5] signifie, dans le contexte turc, une fracture du processus historique, dans la mesure où la mise en place d'une économie capitaliste libérale va provoquer un changement radical des fonctions économiques et sociales d'un État qui a constitué l'axe de la vie du pays durant près de soixante ans, pour ne parler que de la période républicaine. Cependant, si la politique libérale de Turgut Özal a permis à la Turquie d'apparaître pour certains comme un modèle de développement, il n'en demeure pas moins que l'ensemble reste très fragile à la fin de la décennie 1980.

En outre, deux graves questions non résolues relativisent son bilan. La première concerne la question kurde, la seconde réside dans la crise de confiance qui frappe la vie politique du pays à la toute fin de la période Özal et qui confine le système à une quasi-paralysie. Le pays semble alors gouverné au jour le jour et ne parvient pas à jouer le rôle que la nouvelle conjoncture internationale lui assigne objectivement. Élu président de la République le 9 novembre 1989, Turgut Özal perd alors la capacité d'initiative qui avait marqué ses premières années au pouvoir.

L'improbable stabilisation des années 1990, la décennie perdue

La mort prématurée de Turgut Özal, en 1993, cristallise des tendances déjà à l'œuvre de son vivant mais qu'il était parvenu à juguler. La décennie 1990 devient ainsi celle des occasions ratées : coalitions gouvernementales hétérogènes se succédant sans parvenir à assurer la nécessaire stabilité, intensification des combats entre les forces armées et le Parti des travailleurs du Kurdistan (PKK), difficultés économiques récurrentes et scandales politiques impliquant des secteurs de l'appareil d'État ponctuent le quotidien politique de la Turquie.

C'est dans ce contexte que le Parti du bien-être (RP) de Necmettin Erbakan, initiateur de l'islam politique contemporain en Turquie, s'impose comme la première force politique du pays, bien qu'il n'obtienne qu'un peu plus de 21 % des suffrages exprimés lors des élections législatives de décembre 1995. Ces voix sont éventuellement conservatrices ou protestataires, mais probablement pas principalement islamistes au sens littéral du terme. Le RP s'approprie, en effet, le rôle de défenseur des droits des catégories les plus défavorisées, profitant de la grande faiblesse des partis de gauche et des syndicats de salariés durablement laminés par le coup d'État de 1980. Il s'agit là d'une forme de légitimation du système politique turc par la médiation d'un parti se réclamant de l'islam politique, assurant l'intégration légale au système politique d'une part significative des catégories sociales lésées par les grandes mutations économiques et démographiques.

Necmettin Erbakan deviendra Premier ministre en juin 1996, premier responsable politique islamiste à accéder à cette fonction depuis la proclamation de la république. Nous assistons alors à la mise sur pied d'une curieuse alliance entre le chef historique de l'islam politique turc et Tansu Çiller, prétendant incarner l'aile libérale, dynamique et réformatrice de la société turque.

Mais le RP n'arrive pas à conforter la dynamique l'ayant porté au gouvernement, notamment à cause de ses dérapages antilaïques et de ses accrochages multiples avec l'institution militaire. Cette situation engendre une nouvelle intervention de cette dernière, communément qualifiée de coup d'État postmoderne. Quelques semaines après la réunion du Conseil de sécurité nationale du 28 février 1997, au cours de laquelle l'islam politique est caractérisé par les militaires comme le principal danger auquel doit faire face la Turquie, Necmettin Erbakan est contraint de démissionner, précipitant la chute de la coalition qu'il dirigeait et la dissolution de son parti.

Les élections anticipées organisées au mois d'avril 1999 entraînent une lourde défaite du courant islamiste et sont marquées par la victoire de deux partis souverainistes : le Parti de la gauche démocratique (DSP) de Bülent Ecevit et le Parti d'action nationaliste (MHP) de Devlet Bahçeli. Ces votes sont l'expression de la montée et de la radicalisation du nationalisme turc face au nationalisme kurde et à la guerre menée par le PKK. Dans une conjoncture où le choix du « traitement militaire » du dossier kurde semble montrer ses limites, Bülent Ecevit apparaît pourtant comme un héros à la suite de la capture d'Abdullah Öcalan[6].

Cette poussée des forces nationalistes turques est aussi l'expression d'un sursaut de fierté nationale face à ce qui est perçu comme l'arrogance européenne, en particulier en raison du rejet de la candidature turque lors du Conseil européen de Luxembourg en décembre 1997.

Cette situation d'accroissement des tensions connaît une nouvelle séquence à la suite du violent séisme, d'une magnitude de 7,4 sur l'échelle de Richter, qui frappe la Turquie dans la nuit du 17 août 1999 et cause de terribles dégâts dans la région la plus industrialisée et la plus peuplée du pays. Selon les chiffres officiels, plus de 18 000 morts et près de 44 000 blessés sont enregistrés, les pertes économiques étant évaluées pour leur part à environ 15 milliards de dollars. Ce cataclysme a de multiples conséquences. Devant une catastrophe d'une telle ampleur, les autorités turques se révèlent en effet incapables de gérer la situation, notamment durant les premières quarante-huit heures où elles apparaissent comme tétanisées, ce qui contribue à singulièrement écorner l'image de l'État paternel *(Devlet Baba)* pourtant profondément ancrée dans la conscience populaire turque. Même le prestige de l'armée est, dans un premier temps, égratigné par de vives critiques publiques, événement rarissime.

Ce séisme, naturel, ne fut toutefois pas le dernier défi qui affecta la Turquie, secouée à partir de mars 2001 par la plus grande crise économique et financière de son histoire contemporaine. Malgré les plans de sauvetage mis en œuvre, les conséquences furent désastreuses[7].

Kemal Derviş, ancien haut fonctionnaire à la Banque mondiale, nommé au poste de ministre des Finances et présenté comme l'homme providentiel, mit alors en œuvre les mesures drastiques d'austérité budgétaire exigées par le FMI. Bülent Ecevit, dont la capacité à diriger le pays était de plus en plus ouvertement mise en cause, se vit contraint de convoquer de nouvelles élections législatives anticipées le 3 novembre 2002.

Ces dernières induisent un changement majeur dans le paysage politique turc. Tous les partis traditionnels, désormais profondément discrédités, sont rayés du Parlement, sauf le CHP, et un parti créé à peine un an et demi auparavant, le Parti de la justice et du développement (AKP), y acquiert une solide légitimité politique.

Pour autant, en raison du système électoral, plus de la moitié de l'électorat n'est pas représentée au Parlement[8]. Avec un tiers des suffrages exprimés – et à peine un quart des voix des électeurs inscrits –, l'AKP dispose ainsi au Parlement d'une majorité disproportionnée qui atteint environ les deux tiers. Il saura pleinement en profiter.

LA DOMINATION POLITIQUE DE L'AKP DEPUIS 2002

Genèse et tentative de définition de l'AKP

Depuis son accession au pouvoir, en novembre 2002, le Parti de la justice et du développement exerce une forte domination sur la vie politique. C'est en effet, depuis lors, une succession de victoires systématiques dans tous les scrutins électoraux organisés[9] et l'affirmation de Recep Tayyip Erdoğan comme l'incontestable pivot de la scène politique turque.

Pour comprendre ce phénomène, se pose d'abord la question de la caractérisation politique de l'AKP. S'inscrivant dans la tradition de l'islam politique turc[10] et créé sur les cendres d'une formation islamiste interdite – le Parti du bien-être –, il fut régulièrement qualifié de parti islamiste, islamiste modéré, musulman conservateur, islamo-démocrate, islamique. Le débat peut alimenter de nombreuses analyses contradictoires, mais on retiendra, en tout état de cause, que les aspirations de l'AKP sont démocratiques au niveau politique jusqu'aux années 2009-2010, conservatrices aux niveaux social et culturel, libérales au niveau économique. Donc, un parti islamo-conservateur dont les tendances autoritaires sont devenues de plus en plus prégnantes et qui bouleverse le jeu politique en incarnant une étape plus achevée et plus consistante des valeurs conservatrices-libérales telles qu'elles avaient été initiées et incarnées par Turgut Özal en son temps.

Comme dans de nombreux autres cas, c'est l'ouverture du champ politique, quand il existe, qui pousse les partis d'extraction islamiste à s'adapter au pluralisme sans renoncer pour autant à leur idéologie. Ce qui apparaît, c'est que lorsqu'ils sont en situation de s'exprimer librement, de participer au jeu politique et éventuellement d'accéder au pouvoir, les partis et organisations se réclamant de l'islam politique cessent de se référer à des slogans désincarnés et tentent de répondre concrètement aux défis économiques, sociaux et politiques auxquels leur société est confrontée. Phénomène somme toute classique d'intégration et de banalisation de partis protestataires accédant aux responsabilités gouvernementales. L'AKP, prosélyte et artisan du capitalisme, ne cherche pas à renverser l'ordre social existant mais bien plutôt à le réformer pour s'y ménager une place et y assumer des responsabilités.

D'un point de vue sociologique, la carrière d'une partie significative des cadres de l'AKP a été déterminée, durant une longue période, par une exclusion des sphères économique et politique par les élites républicaines consacrées. Ainsi, une sourde lutte oppose la classe moyenne kémaliste occidentalisée et une nouvelle classe moyenne qui s'affirme graduellement et constitue une des composantes de la base sociale et électorale de l'AKP. Ce dernier, parti attrape-tout, a aussi su s'implanter dans les couches sociales défavorisées de l'Anatolie profonde ou des *gecekondus*[11]. La figure de leader charismatique de Recep Tayyip Erdoğan est à ce propos hautement symbolique. Issu d'une famille modeste et constamment qualifié d'« enfant du peuple » par les communicants et cadres du parti[12], il incarne cette volonté d'intégration et de revanche sociales. Une autre caractéristique des membres de la direction de l'AKP, marquant une large partie de son électorat, est, initialement, son comportement quotidien modeste, comparé aux directions des autres partis – du moins est-il perçu de cette manière. Ces éléments d'authenticité et d'humilité apparentes de la majorité des membres de l'appareil de l'AKP génèrent une forte capacité d'attraction vis-à-vis des catégories sociales conservatrices qui constituent sa base électorale. Près de vingt ans plus tard, nous sommes désormais bien loin de ces postures.

Le projet de l'AKP, qui incarne une phase d'émergence et d'affirmation de la modernisation conservatrice des traditions de l'islam turc intégrée au processus de sécularisation propre à la Turquie, induit de fait un affrontement avec les paradigmes sociaux et politiques, opposés et concurrents, incarnés jusqu'alors par les élites kémalistes étatiques.

C'est dans ce contexte que, dans une première séquence, la volonté réformatrice de l'AKP s'est clairement affirmée. On peut considérer que, de 1999 – donc antérieurement à son accession au pouvoir – à 2005, le champ des libertés individuelles et collectives s'est élargi en Turquie. Les aspirations des nouvelles élites à prendre toute leur place dans le jeu socio-économique et politique les ont inexorablement amenées à s'opposer à l'*establishment* kémaliste traditionnel et aux principes incarnés par ce dernier. C'est notamment pour ces raisons que l'AKP utilisa une partie de son énergie à réduire la toute-puissance des institutions étatiques réputées tenues par les kémalistes. Ainsi, l'enchevêtrement des séquences judiciaires à répétition, successivement contre les institutions militaire, judiciaire ou policière, tantôt en alliance tantôt en opposition avec le mouvement religieux de Fethullah Gülen, indique que l'instrumentalisation de l'État à des fins partisanes reste une constante de la culture politique en Turquie.

Depuis ses origines, la République de Turquie est en effet une république de confrontation : traumatisées par les conditions de sa naissance, ses élites constitutives ont tenté par tous les moyens de créer une société homogène. Durant la période de fondation de la République, cela passa par les exclusions ethno-religieuses et la constitution d'une identité turque, musulmane, sunnite et laïque, les acteurs politiques utilisant pour ce faire l'appareil d'État. L'accession de l'AKP au gouvernement ne modifie pas la méthode mais va bénéficier à de nouveaux groupes sociaux. En ce sens, « l'autoritarisme de l'AKP et sa conception très instrumentale de la démocratie s'inscrivent dans la continuité historique de la République[13] », et donc de ses prédécesseurs.

Un autoritarisme politique structurant

À cette donnée essentielle s'ajoute une autre constante de l'histoire politique de la Turquie républicaine, au demeurant déjà visible dans les dernières décennies de l'Empire ottoman, qui voit s'affronter deux Turquie. L'une, majoritaire, musulmane, conservatrice, économiquement libérale, et l'autre moderniste, étatiste, élitiste et laïque, dans l'acception turque du terme. Recep Tayyip Erdoğan a parfaitement compris que plus il activait cette opposition traditionnelle, plus il progressait, en termes électoraux, car il se trouve alors sans faillir du côté de la majorité sociologique du pays. C'est pour cette raison que Recep

Tayyip Erdoğan utilise sans cesse le registre de la polarisation – laïcs *versus* croyants, Turcs *versus* Kurdes, sunnites *versus* alévis –, n'hésitant pas à accuser ses adversaires politiques de faire le lit du terrorisme, voire d'en être les complices.

C'est pourquoi, en dépit de sa stratégie liberticide et des accusations de corruption proférées à l'encontre de Recep Tayyip Erdoğan et de ses proches, on peut constater un fort réflexe légitimiste au sein de la base sociale et électorale de l'AKP. Ainsi, dès la fin 2013, cette base a été convaincue que la communauté Gülen préparait effectivement un coup d'État et qu'il valait mieux des dirigeants éventuellement corrompus, mais issus des urnes, plutôt que des putschistes[14]. De même, au cours de l'année 2015, ce sont clairement la mise en œuvre de la stratégie de la tension par R. T. Erdoğan et le fait qu'il se présente comme le seul capable de défendre efficacement le pays contre les agressions terroristes dont la Turquie est victime qui permettent à son parti de remporter les élections législatives, même s'il fallut s'y reprendre à deux fois (juin et novembre).

Si, depuis 2010-2011 – en l'occurrence, le référendum organisé le 12 septembre 2010, jour anniversaire du coup d'État de 1980, pour une réforme constitutionnelle constitue la borne symbolique de ce tournant puisqu'elle permet notamment la prise de contrôle du système judiciaire par le parti au pouvoir –, la stratégie autoritaire de Recep Tayyip Erdoğan est souvent évoquée, ce qui est un fait incontestable, il semble en réalité plus précis de parler d'une pratique d'instrumentalisation du pouvoir qui s'inscrit dans une longue histoire. C'est en ce sens que la politique menée par le président turc ne correspond pas véritablement à ce que d'aucuns présentent comme la réalisation du fameux « agenda caché » qui viserait à instaurer un ordre islamiste. Certes, par rapport à la période kémaliste, il existe des formes de rupture au niveau des référents identitaires mobilisés par le pouvoir, le registre religieux et les symboles de l'islam étant incontestablement de plus en plus fréquemment et systématiquement utilisés par l'AKP. Mais ces évolutions sont plus l'expression d'un puritanisme réactionnaire et la volonté d'islamiser l'espace public que d'une volonté assumée d'instaurer la charia (voir *infra* p. 76 et note 12 p. 94). En ce sens, les processus autoritaires en cours en Turquie entrent en résonance avec ce qui est à l'œuvre dans de nombreux autres pays en ce début de XXIe siècle, que ce soit en Europe centrale, en Russie, aux États-Unis ou au Brésil.

Recep Tayyip Erdoğan, qui a graduellement mis sur la touche les fondateurs et les cadres modérés du parti, est l'indéniable partisan d'un ordre moral conservateur, ce que de nombreux discours, déclarations et lois promulguées indiquent : opposition radicale au droit à l'avortement, rôle des femmes essentiellement conçu comme celui de procréatrices et d'éducatrices, volonté de réduire la consommation d'alcool, objectif de former une jeunesse pieuse... Ainsi, le profil dominant qui émerge de ces caractéristiques idéologiques est celui qui rappelle par exemple le conservatisme populaire aux États-Unis. C'est à la lumière de ce paramètre qu'il faut certainement comprendre la remarque d'Abdullah Gül, alors Premier ministre, l'un des fondateurs de l'AKP et à l'époque très proche de R. T. Erdoğan, quand il déclare, dix jours après la victoire du 3 novembre 2002, que les électeurs de l'AKP étaient les WASP de la Turquie[15]. Nous savons l'importance traditionnelle des valeurs religieuses dans la vie politique aux États-Unis, mais, dès lors que l'on en relativise les franges extrémistes, la religion y est plutôt perçue comme un corps de préceptes moraux et non comme la manifestation concrète d'un dogme. Ainsi, le conservatisme y accorde une valeur supérieure à l'esprit et à la liberté d'entreprise et considère que l'organisation de la solidarité sociale par l'État encourage la dépendance, voire l'oisiveté. Ce substrat idéologique correspond précisément au projet de société incarné par l'AKP et permet de comprendre l'ampleur du clientélisme en Turquie, notamment au niveau des municipalités qu'il administre. La distribution de coupons alimentaires par l'intermédiaire de réseaux de bienfaisance islamiques est par exemple monnaie courante et explique en partie l'importance des bases sociale et électorale que s'est constituées l'AKP. Ainsi, ce dernier n'adhère pas aux principes de l'État social mais plutôt à l'efficience de l'institution familiale, de la générosité individuelle et aux actes de charité volontaire.

Si l'on en revient aux considérations plus étroites du strict champ politique, la stratégie liberticide mise en œuvre par Recep Tayyip Erdoğan rend parfaitement compte de sa conception singulière de la démocratie, ce qui fut particulièrement illustré au moment du mouvement de contestation de Gezi à la fin du printemps 2013. Ce mouvement, du nom d'un petit parc de promenade d'Istanbul, dont le projet de destruction fit naître un fort mouvement de protestation sociale à la fin du mois de mai 2013 et dans les semaines qui suivirent, fut lourd d'enseignement[16]. Face à la violence de la répression, le mouvement gagna en ampleur, puisque ce sont rapidement plusieurs milliers de protestataires qui occupèrent le parc, puis graduellement plusieurs centaines de milliers qui manifestèrent dans presque tous les autres centres urbains de Turquie. Parti de revendications locales de défense de l'environnement, ce mouvement se radicalisa rapidement contre la société capitaliste et de consommation, contre la morale conservatrice et l'autoritarisme promus par l'AKP. Finalement réduit par la répression et le manque de débouché politique, il marqua un tournant dans la période politique dominée par l'AKP.

Confronté pour la première fois à un mouvement de contestation d'une telle ampleur, celui qui était à l'époque encore Premier ministre a alors clairement explicité sa vision du pouvoir. Non pas tant par l'usage d'une répression, qui fut pourtant disproportionnée, mais par le discours de polarisation extrême qu'il utilisa, en expliquant précisément que, disposant d'une majorité parlementaire et politique – ce que personne ne contestait –, il était en situation de décider seul des mesures qui s'imposaient. Ainsi, selon R. T. Erdoğan, bénéficier de la majorité politique dispense de prendre en compte les revendications des mouvements de contestation et/ou les propositions de l'opposition. Conception, on en conviendra, singulièrement restrictive de la pratique démocratique, qui renvoie à ce qu'il avait déclaré dans un entretien paru dans le quotidien *Milliyet*, le 14 juillet 1996, en expliquant que « la démocratie est un moyen, pas une fin[17] ».

Dans ce contexte, la question de la présidentialisation du régime est devenue la mère de toutes les batailles. Le président turc reconnaît la légitimité électorale, mais une fois élu, il considère qu'il est en droit de décider seul, selon ce qu'il pense juste pour le pays. Au moment où un véritable cours liberticide est à l'œuvre, on comprend le danger d'une telle présidentialisation telle qu'elle a été actée par le référendum constitutionnel d'avril 2017. On passait alors en effet d'un régime présidentiel *de facto* à un régime présidentialiste *de jure*. Les dix-huit articles modifiés allaient tous dans le sens de la concentration du pouvoir entre les mains du chef de l'État et de la réduction concomitante du rôle du Parlement[18]. Celui, ou celle, qui est élu(e) président de la République, dispose désormais de quasi tous les pouvoirs.

La Turquie est alors devenue une déclinaison de ce qu'Alain Rouquié appelle les démocraties hégémoniques, au sein desquelles les « majorités s'érigent en totalité, les minorités doivent obtempérer, sous menace d'être désignées comme ennemies de la nation. [...] Malgré la dérive autoritaire, ce n'est ni la dictature ni le totalitarisme puisque l'alternance reste possible[19] ».

Rupture au sein de l'islam politique turc

Si le cours autoritaire à l'égard des oppositions politiques est un des marqueurs de la politique de Recep Tayyip Erdoğan, plus étonnant apparaît, à première vue, le bras de fer qu'il a engagé contre l'imam Fethullah Gülen. Les multiples rebondissements opposant l'AKP à la communauté de ce dernier vont en effet amplifier les tendances politiques à l'œuvre.

La relation entre les deux protagonistes s'est cristallisée au moment de la première victoire électorale de l'AKP, en 2002. Conquérant plus de 60 % des sièges parlementaires et en responsabilité de former un gouvernement homogène, l'AKP, formellement fondé l'année précédente, manque alors cruellement de cadres politiques. Durant presque dix ans, la complémentarité entre le Hizmet[20] – s'inscrivant initialement dans l'histoire de la tradition soufie – d'une part et l'AKP – parti provenant de l'islam politique et des traditions confrériques – d'autre part, a été presque parfaite : le Hizmet fournissait les cadres politiques dont l'AKP avait besoin et l'AKP nommait les partisans de F. Gülen à des postes de responsabilité au sein de l'appareil d'État en échange de leur loyauté.

Le Hizmet, fondé dans les années 1960, provient du courant des *nurcu*, les partisans de la lumière, créé par Saïd Nursî, qui apparaît à la fin de l'Empire ottoman et se fixe comme objectif d'islamiser la modernité européenne plutôt que de la combattre. Pour ce faire, il s'agit de créer un *homo islamicus* d'un type nouveau et de concentrer son énergie sur l'éducation. Il n'est donc pas question de verser dans l'action politique, mais de créer une « génération dorée » possédant un haut niveau de qualification et susceptible de prendre des responsabilités au sein des institutions étatiques et dans la sphère économique. C'est pourquoi les gülenistes n'ont jamais créé de parti politique et qu'ils se sont concentrés sur l'édification d'un réseau d'écoles, de cours de soutien scolaire, de médias, de publications diverses, en Turquie et dans le monde. Il était communément admis qu'il constituait au début des années 2010 la plus influente organisation musulmane du monde, présentée comme porteuse de la vision d'un islam modéré[21].

La communauté Gülen, dont le chef vit en exil aux États-Unis depuis 1999, a trouvé dans son partenariat avec l'AKP l'opportunité de renforcer son implantation dans l'appareil d'État, notamment au sein des ministères de l'Intérieur, de la Justice et de l'Éducation nationale. Cette stratégie lui permettra d'être le fer de lance des offensives judiciaires lancées contre l'armée à partir de 2007-2008[22]. Après cette bataille victorieuse contre l'institution militaire, la communauté Gülen conçut le projet de s'assurer le contrôle des forces de sécurité intérieure. Celui de la police étant déjà en partie effectif, il s'agissait de s'implanter dans les services de renseignement, le MIT (Organisation du service secret), contrôlé par des proches de Recep Tayyip Erdoğan notamment en la personne de son directeur, Hakan Fidan. Ainsi, en février 2012, ce dernier et plusieurs cadres des services de renseignement reçoivent un mandat d'amener lancé par un procureur, fortement soupçonné d'appartenir à la mouvance güleniste, pour intelligence avec une organisation terroriste, alors que ces derniers agissaient sous contrôle de R. T. Erdoğan, dans le cadre des contacts établis avec des émissaires du Parti des travailleurs du Kurdistan pour initier un processus de négociation. L'alerte est donnée et la méfiance s'installe alors progressivement entre les deux protagonistes.

C'est dans ce contexte que la communauté Gülen décide d'essayer de faire tomber le Premier ministre et diligente une opération anticorruption, le 17 décembre 2013, clairement dirigée contre ce dernier. C'est le début d'une bataille politico-judiciaire d'une extrême violence. Recep Tayyip Erdoğan va réagir avec une efficacité redoutable en procédant, en un laps de temps très court, à des centaines de mutations au sein de la police et de l'appareil judiciaire, en supprimant les tribunaux à compétence spéciale afin de se prémunir de potentielles enquêtes de corruption et en faisant voter une loi autorisant l'autorité de régulation des communications à empêcher la publication de tout enregistrement jugé attentatoire à la vie privée des individus.

Durant des mois, l'intensité de la riposte du Premier ministre, devenu entre-temps président de la République en 2014, ne diminue pas. Ses dénonciations incessantes de l'« État parallèle » ou de la « structure parallèle », puis de FETÖ (Organisation terroriste Fethullah)[23], expressions par lesquelles il désigne désormais systématiquement la communauté Gülen, les mesures à répétition mises en œuvre contre les biens économiques et financiers (écoles, établissements bancaires, entreprises, associations) de ladite communauté, les procès contre les groupes de médias qui lui sont liés, indiquent que pour R. T. Erdoğan, il y a un enjeu existentiel à cette bataille.

Un des paradoxes apparents des évolutions de la situation réside dans le fait qu'à partir de l'hiver 2013-2014, R. T. Erdoğan, sentant confusément le danger d'un possible isolement, n'a pas hésité à revenir à de meilleures dispositions à l'égard de l'armée. Considérant que celle-ci n'avait, à ce stade, plus aucune velléité d'intervention dans le champ politique et qu'elle était en outre considérablement affaiblie, il n'hésita pas à faire casser nombre des jugements prononcés contre des officiers supérieurs jugés lors d'une vague de procès que nous évoquerons plus avant, amplifiant par ce biais les attaques contre la communauté Gülen accusée d'avoir monté de toutes pièces des simulacres de justice.

L'ampleur de la purge (voir *infra*) qui frappe la haute hiérarchie militaire après la tentative de coup d'État du 15 juillet 2016 n'est nullement contradictoire avec cette inflexion dans les relations entre les autorités politiques et l'institution militaire : extrême fermeté envers tous les officiers suspectés d'avoir trempé de près ou de loin dans la préparation et l'exécution de la tentative de coup d'État, mais volonté de normaliser la relation avec les autres. Si le nombre d'officiers supérieurs limogés est impressionnant, il est aussi à la hauteur de la peur éprouvée par le noyau central du pouvoir dans la nuit du 15 au 16 juillet.

Les conséquences de la tentative de coup d'État du 15 juillet 2016

La singulière tentative de coup d'État fomentée le 15 juillet 2016, qui coûta la vie à près de 250 personnes, par des putschistes faisant preuve de beaucoup d'amateurisme, induit des conséquences politiques qui vont marquer la Turquie pour de nombreuses années. Il s'agit néanmoins de se prémunir d'observations et de conclusions formulées hâtivement et de tenter de mettre en perspective la situation pour évaluer ce séisme de la vie politique turque. Admettons tout d'abord qu'il reste encore à ce jour de nombreuses zones d'ombre à propos de ces événements et que les informations diffusées par les autorités politiques doivent être décryptées avec précaution.

Comme expliqué précédemment, les premières failles apparaissent au début des années 2010 entre un parti qui concourt, victorieusement, aux batailles électorales successives, et un mouvement qui préfère rester dans l'ombre, fidèle à une stratégie d'influence discrète, qui renforce à la fois toujours plus sa puissance, mais aussi les réactions de méfiance à son égard.

Pour en revenir à la tentative de coup d'État lui-même, on peut néanmoins supposer que la capacité du Hizmet à pénétrer l'institution militaire, sans être nulle, devait être limitée. En effet, l'armée se prétendant le bastion de la laïcité a probablement tout fait pour empêcher une présence significative des gülenistes en son sein. En outre, si l'on peut admettre que certains officiers supérieurs proches de F. Gülen ont pu avoir un rôle dans la tentative de putsch du 15 juillet, cela ne peut justifier l'ampleur de la répression à l'égard du mouvement Hizmet dans son ensemble et à l'encontre de toute personne suspectée d'en être membre ou sympathisant même lointain. Quant à l'hypothèse d'une alliance ponctuelle avec des officiers kémalistes pour préparer cette tentative de putsch, on peut considérer qu'elle concernerait un nombre limité d'officiers, puisque ce sont principalement des magistrats gülenistes qui ont instruit les retentissants procès à charge contre des officiers supérieurs à partir de 2007-2008, et le moins que l'on puisse considérer est que ces séquences ont laissé des traces et des haines réciproques tenaces.

L'ampleur du nombre de personnes arrêtées ou limogées depuis le 15 juillet 2016 (290 000 arrestations, 97 000 emprisonnements, plus de 150 000 fonctionnaires suspendus ou radiés, 6 000 universitaires limogés[24]) est proprement époustouflante et indique que des listes de noms étaient prêtes et détenues par les structures du pouvoir. Que de telles listes existent est pour le moins préoccupant dans un État qui s'affirme de droit, mais l'étroite coopération entre l'AKP et le Hizmet durant une dizaine d'années permet de comprendre que les fidèles de R. T. Erdoğan, qui favorisaient la nomination des membres du Hizmet au sein de l'appareil d'État, les connaissaient parfaitement. Le travail de fichage systématique n'en a ainsi été rendu que plus facile.

L'ampleur de la répression organisée par le pouvoir contre les gülenistes, ou ceux présentés comme tels, indique une nouvelle fois le durcissement mais aussi la réactivité du président Erdoğan. Sa capacité à se saisir d'une situation qui aurait pu dangereusement le déstabiliser, qu'il a lui-même qualifiée de « grâce de Dieu », pour la retourner à son avantage montre un sens politique peu commun. L'irresponsabilité politique des apprentis putschistes lui a fourni une occasion inespérée pour accélérer la mise en place d'un régime présidentiel fort. Le maccarthysme ambiant qui s'impose alors en Turquie permet de frapper de façon quasi indiscriminée celles et ceux qui, sans être aucunement responsables de la tentative de coup d'État, ont pu être à un moment de leur vie proche des gülenistes ou, plus prosaïquement, des opposants.

Mais il ne s'agit pas que de cela. En effet, si l'on considère par exemple que 45 % des généraux ont été limogés, que 2 700 magistrats (soit 20 % du corps judiciaire) ont été suspendus, il n'est plus seulement question de l'éradication du Hizmet mais de l'affaiblissement considérable de l'appareil d'État lui-même, donc de la démocratie turque, dans une conjoncture où les turbulences régionales affectent directement le pays et exigeraient son unité. En d'autres termes, le pouvoir est en passe de radicalement reformater l'État en le transformant en un État-AKP. S'il y a bien eu une tentative de coup d'État militaire, il existe depuis lors une sorte de « contre-coup d'État civil » organisé par les dirigeants de l'AKP. Des années sont probablement en passe d'être perdues quant à la reprise du processus de démocratisation du pays et son affirmation sur les scènes régionale et internationale.

Des partis d'opposition parlementaire à la peine

Le paysage politique parlementaire est pluriel et, en dépit de ses spécificités, l'on y retrouve en réalité une bonne partie des familles politiques représentées dans les pays de l'Union européenne.

Le Parti républicain du peuple (CHP), parti historique fondé par Mustafa Kemal Atatürk, constitue la principale formation d'opposition. Représentant traditionnel des élites républicaines du pays, il est marqué par un fort tropisme souverainiste et reste en partie figé dans un kémalisme ossifié. Formellement membre de l'Internationale socialiste, il a tenté sa mue sociale-démocrate au cours des années 1970, mais les conséquences induites par le coup d'État de septembre 1980 ont brisé cet élan. Par-delà les vicissitudes politiques, ce parti semble depuis lors arc-bouté sur des certitudes qui lui rendent difficile de saisir les profonds bouleversements de la société turque. Ainsi, une partie de son électorat reste sensible aux sirènes nationalistes sur les questions kurde ou chypriote. Néanmoins, son actuel secrétaire général, Kemal Kiliçdaroğlu, tente par petites touches de faire évoluer le parti et de le sortir de l'image dogmatique qui le caractérise. Usant d'un ton plus social que son prédécesseur, il semble en outre vouloir se démarquer d'un laïcisme rigide en promouvant la réflexion sur ce dossier récurrent en Turquie, et par ailleurs sur la question kurde. Les résultats sont néanmoins peu probants et le CHP ne parvient guère à dépasser les 25 à 30 % des suffrages exprimés lors des dernières échéances électorales, ce qui constitue le niveau de représentativité de ce courant politique en Turquie et l'empêche d'apparaître comme un parti susceptible de diriger un gouvernement sans recourir à des alliances.

De plus, le CHP s'est *de facto,* et probablement malgré lui, inscrit dans une logique confessionnelle. La majorité des alévis[25] votent en effet pour le CHP, et son groupe parlementaire, ainsi que sa direction, en sont en large partie composés. Les partisans et les électeurs de l'AKP considèrent donc le CHP comme le parti des alévis et l'observent de ce fait avec méfiance. Les Kurdes, pour leur part, refusent dans leur majorité de se rapprocher de lui en raison de la tradition jacobine qu'il incarne. Ainsi le principal parti d'opposition se trouve-t-il quasi exclu de deux enjeux sociaux essentiels – religieux et ethnique – qui traversent la Turquie.

Ces évolutions linéamentaires ne semblent, *a contrario*, pas toucher le deuxième parti de l'opposition parlementaire, le Parti d'action nationaliste (MHP) dirigé par Devlet Bahçeli depuis 1997. Héritier de l'extrême droite pantouranienne et panturquiste, ce parti n'est plus seulement l'expression partisane des commandos qui ont ensanglanté la Turquie dans les années 1970 sous le nom de « Loups gris », mais représente aussi une sensibilité anti-européenne propre à la droite radicale, certes minoritaire mais ancrée en Turquie. Valorisant une posture d'ordre et d'autorité, son discours permanent sur la patrie en danger et l'affaissement des valeurs nationales et son opposition frontale aux revendications des nationalistes kurdes s'accompagnent en outre de fréquentes références à l'identité religieuse. Cette « synthèse turco-islamique » rend, en réalité, l'électorat du parti perméable aux thèses de l'AKP qui insiste pour sa part fréquemment sur la dimension nationaliste de sa politique. On constate d'ailleurs un lent effritement électoral du MHP qui pourrait aboutir à une dilution de sa spécificité. Pour autant, le MHP constitue un soutien idéologique et politique indispensable au cours nationaliste de la politique mise en œuvre par Recep Tayyip Erdoğan, ce qui lui permet d'endosser un rôle dépassant largement sa stricte influence électorale.

Dans les semaines qui ont suivi le 15 juillet, ces deux partis ont joué la carte de l'unité nationale et du soutien au gouvernement et au président de la République. Ainsi, le MHP s'est inscrit dans les pas de l'AKP dans le processus de réforme constitutionnelle présidentialiste puis dans une logique d'alliance politique et électorale avec lui, nommée l'Alliance populaire. Cette alliance politique est depuis lors devenue pérenne et explique assez bien le préoccupant raidissement nationaliste de R. T. Erdoğan, singulièrement perceptible dans ses initiatives de politique extérieure sur lesquelles nous reviendrons.

Le CHP a, pour sa part, essayé de marquer ses différences, mais dans un contexte au sein duquel il a en réalité conçu quelques difficultés à être audible.

Le Bon parti (IP) est un parti de facture beaucoup plus récente issu d'une scission du MHP en 2017. Sa principale dirigeante, Meral Akşener, a pour sa part une longue carrière politique notamment couronnée par sa nomination en tant que ministre de l'Intérieur en 1996-1997 au sein du gouvernement de Necmettin Erbakan. Pronostiquant que l'AKP de Recep Tayyip Erdoğan allait entrer dans une zone de turbulences politiques en raison de son cours liberticide, Meral Akşener a fait le pari qu'il y avait la place pour la constitution d'un parti de centre droit susceptible de mordre sur une partie de l'électorat de l'AKP, tout particulièrement celui qui s'était cristallisé lors des premières années d'existence de ce dernier, séduit par ses propositions novatrices et réformistes. Pour autant, quatre années plus tard, le Bon parti n'a pas réussi la percée escomptée. Son problème, c'est notamment qu'en raison de la polarisation extrême qui prévaut dans le pays, il ne dispose que d'un espace politique propre réduit pour véritablement peser sur la situation politique.

On le voit, les oppositions parlementaires restent très divisées et ne sont pas encore parvenues à se doter d'un leadership susceptible d'incarner une alternative crédible à Recep Tayyip Erdoğan.

Enfin, le dernier parti représenté au Parlement est le Parti démocratique des peuples (HDP) qui peut être qualifié de parti kurdiste, singulier dans sa composition et dans ses objectifs. Nous reviendrons plus longuement sur ses spécificités dans la partie consacrée à la question kurde.

Parti en tête par province : la domination de l'AKP en 2018

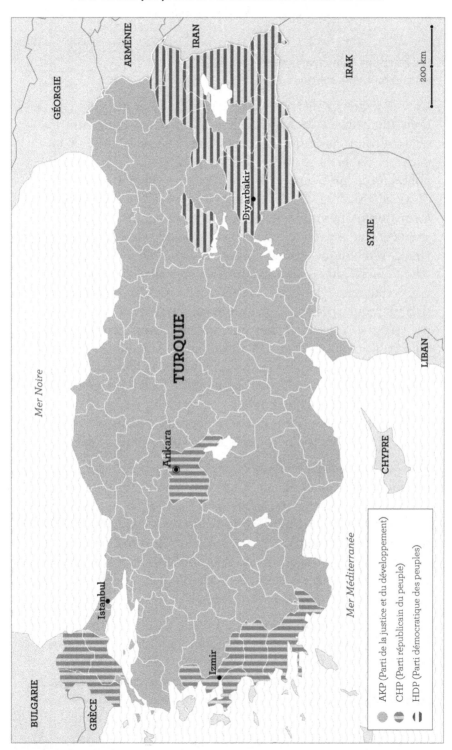

Les élections municipales du printemps 2019 : vers un tournant politique ?

Dans la séquence récente, c'est la question du résultat des élections municipales de mars 2019 à Istanbul qui concentre les contradictions politiques. Nous savons que, à la suite d'une décision du Haut conseil électoral prise sous forte pression politique du président Erdoğan, l'élection du nouveau maire du grand Istanbul, Ekrem Imamoğlu, investi par la principale formation d'opposition, le CHP, a été purement et simplement annulée. L'affaire est d'importance puisque Istanbul, outre sa charge symbolique, possède un poids économique et financier tel qu'elle relègue toutes les autres municipalités dans des catégories différentes. La ville est le berceau et vecteur de son ascension politique et Recep Tayyip Erdoğan ne pouvait visiblement pas imaginer un seul instant que son parti puisse perdre cette ville qu'il a conquise en 1994 et dont on sait qu'elle fut, par ailleurs, source de conséquents revenus financiers qui constituèrent la base matérielle de l'ascension de l'AKP. Le budget de la ville, incluant notamment ceux de la Compagnie des transports publics et de l'Administration des eaux, s'élèverait en effet à près de 6 milliards d'euros, ce qui aiguise nombre d'appétits.

Pour autant, les manœuvres de Recep Tayyip Erdoğan n'ont pas abouti et se sont même retournées contre son instigateur puisque non seulement Ekrem Imamoğlu a bel et bien été confirmé dans sa victoire lors du second scrutin, une sorte de troisième tour, en juin 2019, mais en outre de la manière la plus éclatante qui soit avec plus de 800 000 voix supplémentaires que lors du premier scrutin, à l'issue duquel il devançait son adversaire de seulement 13 000 voix.

La signification politique de cette bataille stambouliote dépasse bien sûr le cadre de la capitale économique du pays, mais on ne peut pour autant pas considérer que l'AKP est contraint, d'une manière plus générale, à une posture strictement défensive. Si des phénomènes d'affaiblissement sont perceptibles dans plusieurs centres urbains – l'AKP perd quinze villes, dont sept au profit de son allié le MHP et huit au profit du CHP –, le parti recueille encore plus de 44 % des suffrages exprimés au niveau national et reste, de loin, le premier parti de Turquie, après presque vingt années d'exercice du pouvoir. En outre, le bloc AKP-MHP atteint près de 52 % des suffrages exprimés, ce qui constitue une baisse très marginale par rapport aux élections présidentielles et législatives de 2018 (respectivement 52,6 % et 53,66 % des suffrages exprimés).

On voit donc s'exprimer dans les urnes la confirmation d'une nette différenciation entre l'électorat des grands centres urbains, lieux par excellence de la concentration de classes moyennes supportant de plus en plus difficilement le cours liberticide et l'ordre moral incarnés par l'AKP, et celui des villes moyennes et de l'Anatolie profonde, plus conservateur et dont les aspirations sont incarnées par le parti de Recep Tayyip Erdoğan.

La dégradation de la situation économique qui affecte le niveau de vie d'une partie de l'électorat de l'AKP, la violence des attaques portées contre les partis d'opposition sans cesse accusés d'être complices des terroristes – entendre par ce terme le Parti des travailleurs du Kurdistan (PKK), les partisans de Fethullah Gülen et tous ceux qui veulent, par extension, selon Recep Tayyip Erdoğan, détruire la nation turque –, la dramatisation des enjeux du scrutin – pour le président turc, il s'agit ni plus ni moins de la survie du pays –, et enfin les manœuvres politico-judiciaires à Istanbul aiguisent les interrogations, ainsi que les ambitions d'une partie des cadres, certes encore très minoritaires, de l'AKP.

Aussi la création de deux nouveaux partis – le premier, le Parti du futur (GP) en décembre 2019, à l'initiative d'Ahmet Davutoğlu, ancien ministre des Affaires étrangères puis Premier ministre de Recep Tayyip Erdoğan ; le second, le Parti de la démocratie et du progrès (DEVA) en mars 2020 à l'initiative d'Ali Babacan[26], ancien ministre de l'Économie et négociateur en chef pour l'adhésion de la Turquie à l'Union européenne, soutenu par Abdullah Gül, ancien président de la République – indique la volonté affichée par ces dirigeants, qui avaient en leur temps été parmi les premiers partisans de l'AKP, d'en revenir au programme réformiste et d'inspiration libérale qui avait caractérisé les années d'affirmation et les succès initiaux de ce dernier.

Nous verrons si ces initiatives parviennent à s'imposer sur l'échiquier politique turc. Si rien n'est moins sûr à ce stade, elles indiquent cependant que l'AKP n'est plus en situation de domination sans partage et qu'il risque de voir son capital électoral s'éroder dans la période à venir. Il faut néanmoins garder en mémoire que Recep Tayyip Erdoğan contrôle l'appareil du parti d'une main de fer et que nous sommes désormais dans une séquence sans échéance électorale d'ici 2023, ce qui lui laisse, par hypothèse, le temps de régler ces difficultés. Toutefois, c'est bien sa capacité à relancer la croissance économique qui sera décisive pour son avenir politique, ce qui semble singulièrement compliqué dans la conjoncture que traverse la Turquie. Les sondages d'opinion réalisés au printemps 2021 indiquent ainsi des intentions de vote inférieures à 30 % en faveur de l'AKP.

Pour ce qui concerne les partis de l'opposition, plusieurs remarques s'imposent. Le CHP et l'IP ont reconduit leur partenariat initialement scellé en 2018 sous le nom d'Alliance de la nation. Chaque parti constitutif pouvait ainsi participer au scrutin municipal sous son propre drapeau dans la plupart des villes et districts, mais un seul candidat de l'Alliance était en lice dans les métropoles ou dans les villes jugées essentielles contre le candidat de l'Alliance populaire réunissant l'AKP et le MHP.

Le CHP arrive nationalement en deuxième position avec environ 30 % des suffrages exprimés, ce qui constitue un niveau électoral haut mais n'indique pas un élargissement de sa base sociale et électorale. Bien sûr, les conditions particulièrement tendues dans lesquelles se sont tenues les élections et la nette disproportion de l'accès aux médias, en large partie contrôlés par des groupes liés au pouvoir, ne lui ont guère facilité la tâche.

S'il a démontré sa capacité à mener une campagne mesurée, contrastant avec l'agressivité des partisans de Recep Tayyip Erdoğan, on peut constater la difficulté de ce parti à incarner à ce jour une alternative. Outre ses victoires à Istanbul et Ankara, il a néanmoins réussi à conforter son implantation dans les villes méditerranéennes et égéennes. Son partenaire, l'IP, n'est pour sa part pas parvenu à conquérir de ville notoire, mais il constitue un appoint déterminant au CHP pour s'assurer des victoires significatives.

Quant au Parti démocratique des peuples (HDP), son tropisme kurdiste ne l'a pas empêché de confirmer son inscription de plain-pied dans le jeu politique national, en dépit d'une répression qui continue à s'abattre contre ses militants et ses dirigeants. Sans être formellement membre de l'alliance de l'opposition, il a illustré sa maturité politique en faisant le choix de ne pas présenter de candidats dans les grandes villes de l'Ouest du pays et en appelant à tout faire pour battre les candidats de l'AKP-MHP. *A contrario*, il a présenté des candidats dans les régions kurdes pour tenter de reconquérir les villes qu'il avait gagnées cinq années plus tôt et dont il avait ensuite été arbitrairement dessaisi. En effet, après les élections municipales de 2014, alors que 102 mairies avaient été conquises par le HDP, 96 maires accusés d'entretenir des liens avec le PKK furent graduellement destitués et remplacés par des administrateurs nommés par l'État. Les élections municipales de mars 2019 ont permis à 65 maires du HDP d'être élus, mais, à leur tour, immédiatement menacés par le président de la République et son ministre de l'Intérieur, puis graduellement destitués de leurs fonctions. En mars 2021, 48 des 65 municipalités gérées par l'AKP ont vu leurs maires élus, démis et remplacés par des administrateurs d'État. Six autres co-maires[27] se sont vu refuser la validation de leur élection, sous prétexte qu'ils avaient été précédemment destitués par des décrets découlant de situations d'état d'urgence. En mars 2021, 14 co-maires kurdes élus en mars 2019 se trouvent en prison.

Bien que cela soit difficile à mesurer, il est probable que de nombreux électeurs du HDP aient conçu de fortes réticences à appliquer les consignes de vote en faveur d'une alliance électorale dont les composantes, le CHP comme l'IP, sont profondément marquées par un cours nationaliste qui ne laisse que bien peu d'ouverture aux revendications et aux aspirations kurdistes. C'est pour cette raison que Selahattin Demirtaş, ancien coprésident du HDP, emprisonné depuis novembre 2016, a fait savoir deux jours avant le scrutin, par l'intermédiaire de ses avocats, l'importance de battre les candidats du pouvoir.

Au vu de ce bref panorama, plusieurs remarques s'imposent. Les rapports de forces fondamentaux qui structurent l'échiquier politique turc n'ont pas encore été bouleversés ; chaque alliance et regroupement est traversé par des tensions contradictoires que seuls les intérêts électoraux de circonstance permettent, à ce jour, de juguler ; l'AKP continue de dominer la scène politique, mais les effets des fortes tensions économiques ne manqueront pas d'accélérer les processus d'affaiblissement de ses bases sociale et électorale ; la période post-élections municipales ouvre une longue période sans élection, théoriquement jusqu'en 2023, éventuellement propice à la mise en œuvre de processus de recomposition.

Les oppositions sont face à de lourdes responsabilités qui les obligeront à la redéfinition de leurs logiciels politiques si elles veulent parvenir à incarner une alternative crédible. C'est évidemment plus facile à énoncer qu'à réaliser dans le cadre d'un régime présidentialiste à la main de Recep Tayyip Erdoğan et au sein duquel les libertés démocratiques fondamentales et l'État de droit sont désormais de plus en plus bafoués. Pour autant, les dernières élections municipales confirment que les citoyens turcs parviennent à saisir toutes les occasions pour faire valoir leurs opinions et leurs aspirations, ce qui au passage rend peu pertinente la qualification du régime politique turc de dictature.

Deux principaux défis, la question sociale et la question nationale, doivent être pris à bras-le-corps par les différentes composantes de l'opposition. La dégradation préoccupante de la situation économique affecte désormais le niveau de vie de la plupart des citoyens turcs et contribue à accroître les disparités sociales. Le pays se trouve certes confronté aux effets destructeurs de la crise économique amplifiée par la pandémie de la Covid-19, mais il s'agit en réalité beaucoup plus fondamentalement de problèmes structurels nécessitant de profondes réformes pour non seulement réorganiser l'économie mais, surtout, pour redéfinir les axes de son modèle de développement. La question nationale, ensuite, qui se concentre sur le dossier kurde et requiert une rupture radicale avec les moyens utilisés et le cours sécuritaire qui prévaut depuis des années. Un sursaut s'impose qui consisterait, dans une première phase, à revenir à la table des négociations avec les nationalistes kurdes, comme ce fut le cas entre fin 2012 et mi-2015.

C'est, *a minima*, au prix de ces deux conditions que les oppositions, ou partie d'entre elles, parviendront à constituer une alternative au gouvernement actuel, ce dernier empêchant de plus en plus, par ses choix et ses méthodes, la Turquie de s'affirmer comme une puissance incontournable.

NOTES

1. Voir à ce propos Semih Vaner, « État, société et violence politique en Turquie (1975-1980) », *ERT*, mai 1985, n° 2, p. 1-34 ; Dietrich Orlow, « Political Violence in Pre-Coup Turkey », *Terrorism*, 1982, vol. 6, n° 1, p. 53-71.

2. Mehmet Ali Birand, *The Generals' Coup in Turkey – An Inside Story of 12 September 1980*, Brassey's Defence Publishers, 1987, p. 100-101 et 110-111.

3. Pour mémoire, quelques données non exhaustives : Parlement fermé, partis politiques suspendus puis interdits, biens de ces partis confisqués, leurs dirigeants interdits de toute activité politique pour une période de dix ans, vie associative suspendue, Confédération des syndicats ouvriers révolutionnaires (DISK) suspendue puis interdite, interdiction de nombreux organes de presse, renvoi de plus de 700 universitaires et démission de 535 d'entre eux. On estime selon les statistiques officielles, probablement très en deçà de la réalité, publiées au moment du référendum de 1982, à près de 30 000 les procès menés à leur terme, 25 500 emprisonnements, 21 peines capitales exécutées (*Le Monde diplomatique*, novembre 1982).

4. Bülent Tanör, « La restructuration de la démocratie en Turquie », *Revue de la commission internationale de juristes*, juin 1984, n° 32, p. 67. Cet article constitue par ailleurs une analyse de contenu exhaustive de la Constitution turque de 1982.

5. Il est à ce propos remarquable que la majorité des vingt-deux ministres de son premier cabinet soient d'anciens hommes d'affaires qui partagent les vues de Turgut Özal sur la libre entreprise, la libre concurrence ou le monétarisme. Voir, à ce propos, Kenneth Mackenzie, *Turkey in Transition : the West's Neglected Ally*, Institute for European Defence and Strategic Studies, Adelphi Papers, p. 11.

6. Abdullah Öcalan est arrêté par les services de sécurité turcs le 15 février 1999, à Nairobi au Kenya, alors qu'il sort du consulat grec. Pour le charismatique dirigeant du PKK c'est la fin d'une longue errance, l'ayant mené dans plusieurs capitales européennes, qui avait débuté au cours de l'automne précédent lorsque ses protecteurs syriens l'avaient sommé de quitter leur pays après l'avoir abrité de nombreuses années dans la banlieue de Damas.

7. Voir p. 47.

8. Phénomène largement amplifié par l'impossibilité des partis n'ayant pas franchi le barrage des 10 % des suffrages exprimés au niveau national d'accéder à la représentation parlementaire en vertu d'une loi électorale inique instaurée par les militaires après le coup d'État de septembre 1980.

9. Les élections municipales de 2019 consacrent ainsi sa quatorzième victoire électorale successive depuis 2002 : 6 législatives, 4 locales, 2 référendums, 2 présidentielles – voir annexe, p. 188-189.

10. Le premier parti se réclamant de l'islam politique a formellement été créé en 1970 par Necmettin Erbakan sous le nom du Parti de l'ordre national. Dissous à quatre reprises et reconstitué à chaque fois sous une autre appellation avant de connaître une scission entraînant la création de l'AKP au cours de l'été 2001.

11. Littéralement « maisons posées la nuit », car initialement construites entre le crépuscule et l'aube. Selon une tradition du droit coutumier du bassin méditerranéen, on ne peut les abattre après le lever du soleil. Ces *gecekondus* sont devenues en quelques décennies de véritables quartiers péri-urbains au sein desquels vivent les populations les plus déshéritées.

12. Voir sur ces aspects Nicolas Cheviron, Jean-François Pérouse, *Erdoğan – Nouveau Père de la Turquie ?*, Paris, François Bourin, 2016.

13. Ahmet Insel, *La Nouvelle Turquie d'Erdoğan – Du rêve démocratique à la dérive autoritaire*, Paris, La Découverte, 2015, p. 174-175.

14. Ahmet Insel, entretien avec Allan Kaval, « La fin de l'illusion turque », *Esprit*, mars 2014, https://esprit.presse.fr/article/ahmet-insel/la-fin-de-l-illusion-turque-40004.

15. Şükran Pakkan, "Gül'ün WASP'ını anlayan gelsin !" [« Que celui qui comprend le WASP de Gül se manifeste ! »], *Milliyet*, 14 novembre 2002.

16. Ali Kazancigil, Faruk Bilici, Deniz Akagül, *La Turquie, d'une révolution à l'autre*, Paris, Pluriel-Sciences Po-CERI, p. 335-338.

17. Cité par Nicolas Cheviron et Jean-François Pérouse, *op. cit.*, p. 142.

18. Pour une analyse de contenu, voir Gulcan Kolay, Fatih Tombuloğlu, *Vers une monarchie présidentielle en Turquie*, Observatoire de la Turquie et de son environnement géopolitique de l'IRIS, 13 avril 2017, www.iris-france.org/wp-content/uploads/2017/04/Obs-Turquie-avril-2017-Monarchie.pdf, ainsi que Ahmet Insel, « La Turquie entre coup d'État et référendum », *Politique étrangère*, 2-2017, p. 110-111.

19. *Le Monde*, 20-21 décembre 2015.

20. Hizmet [« Le service »] : nom par lequel les partisans de Fethullah Gülen désignent leur mouvement.

21. Pour plus de détails, voir l'entretien avec Thierry Zarcone, « Turquie : qui est Fethullah Gülen ? », Le Point.fr, 22 août 2016.

22. Sur les procès Ergenekon et Balyoz voir *infra* p. 87-88.

23. La communauté de Fethullah Gülen est inscrite sur la liste des organisations terroristes en juin 2016 à l'issue d'une réunion du Conseil de sécurité nationale.

24. www.turkeypurge.com, 4 mars 2019.

25. Musulmans non sunnites à la confluence de nombreuses hétérodoxies, les alévis ne se reconnaissent ni dans le dogme sunnite ni dans l'islam politique incarné par l'AKP. Voir *infra* p. 73.

26. Ali Babacan, membre fondateur de l'AKP, a longtemps été un des très proches conseillers de Recep Tayyip Erdoğan. Diplômé en administration des affaires de l'Université de Northwestern aux États-Unis, fervent partisan du libéralisme économique, il a été un interlocuteur écouté et respecté des institutions financières et économiques internationales.

27. Une des règles de fonctionnement du HDP est d'appliquer une stricte parité des candidatures présentées dans les compétitions électorales et aux postes de direction du parti.

Chapitre 2

Un pays en transitions rapides

Une économie à fort potentiel

Données macroéconomiques générales

Forte d'un produit intérieur brut (PIB) de 719 milliards de dollars en 2020 et bénéficiant d'une croissance dynamique au cours des deux dernières décennies, la Turquie est la 19ᵉ puissance économique mondiale. Avec une croissance moyenne annuelle du PIB de 5,7 % depuis 2010, elle est devenue au Moyen-Orient l'une des économies les plus importantes en termes de création de richesses. À la suite de la tentative de coup d'État de l'été 2016 et des tensions sécuritaires qui en ont découlé, le taux de croissance est néanmoins tombé à 1,79 % en 2020[1].

Les secteurs primaire, secondaire et tertiaire représentent respectivement 7,4 %, 31,2 % et 61,4 % du PIB[2]. Le secteur tertiaire est le premier pourvoyeur d'emplois, occupant 52 % de la population active totale en novembre 2020.

Le modèle de croissance de l'économie turque repose notamment sur la consommation intérieure, alimentée par une forte utilisation des crédits bancaires, et par l'importance du secteur de la construction et des grands projets d'infrastructures. L'épargne privée reste traditionnellement faible et les dépôts bancaires réduits en livres turques ont conduit le secteur privé à recourir, de longue date, au financement en devises étrangères pour mener à bien ses investissements. Alors que l'endettement privé représentait 29,9 % du PIB en 2007, il s'établit à 69 % en 2019. Cette augmentation s'explique par le recours significatif au crédit et donc à l'endettement du secteur privé, justifié durant plusieurs années par les besoins d'investissements d'une économie aux impressionnants résultats durant plus de dix ans. Cette dette libellée en devises fragilise l'économie turque en l'exposant fortement aux variations du dollar et de l'euro.

On peut aussi constater que le déficit de la balance commerciale a continué à se creuser. Ainsi, les importations turques ont augmenté de 4,3 % et les exportations ont pour leur part diminué de 6,3 % entre 2019 et 2020, induisant un déficit commercial de 50 milliards de dollars[3]. L'Union européenne (UE) a confirmé dans ce contexte sa position de premier partenaire commercial en 2018. Toutefois, la dépréciation de la livre turque et la contraction de la demande intérieure ont permis de réduire le déficit commercial, de 59 milliards de dollars en 2017 à 50 en 2020. Le déficit courant s'est également contracté, de 47 milliards de dollars en 2017 à 27 en 2018 pour remonter à 36 en 2020.

La dette publique a pour sa part été ramenée de 60 % du PIB en 2002 à 32,6 % en 2020, et le déficit budgétaire a été fortement réduit depuis la dernière crise économique (2,9 % en 2019 contre 5,9 % en 2009).

Dans la conjoncture, le modèle a induit des déséquilibres qui constituent autant d'alertes pour les court et moyen termes : accroissement de l'inflation, dépréciation de la valeur de la monnaie – la livre turque a perdu 48,3 % de sa valeur par rapport au dollar entre 2017 et 2020 –, hausse de l'endettement privé et de la dette externe, accroissement du déficit des comptes courants et dégradation des comptes publics semblent en effet se conjuguer et révèlent des défis structurels.

La capacité de résilience de l'économie turque

Une première remarque, qui constitue fréquemment un sujet de perplexité pour les observateurs, réside dans l'impressionnante capacité de résilience de l'économie turque. Pour mémoire, le pays, au cours des années 1990, a successivement été touché par les crises de 1994 et 1999 puis par celle, plus sévère, de 2001. Cette dernière se manifesta par une série de faillites bancaires, une significative fuite des capitaux, le décrochage de la livre turque par rapport au dollar, la contraction de 4,8 % du PIB et des taux d'intérêt avoisinant les 100 %. Néanmoins, après chacune de ces crises, la Turquie parvint à relancer rapidement une dynamique de croissance. Le plan de stabilisation mis en œuvre en 2001 par Kemal Derviş, ex-vice-président de la Banque mondiale devenu ministre social-démocrate de l'Économie, fut drastique, mais induisit des résultats rapides en rétablissant la confiance des investisseurs économiques.

Jusqu'en 2002, le montant des investissements directs étrangers (IDE) fluctue autour de 1 milliard de dollars par an ; or, à partir de 2003, lesdits IDE réalisent un bond spectaculaire pour atteindre un flux de 20 milliards de dollars en 2007[4]. La majeure partie de ces investissements provient alors de l'UE, les capitaux étrangers étant attirés par l'accélération du rythme des privatisations en Turquie. Ces apports financiers, couplés à une croissance rapide, seront utilisés par les gouvernements du Parti de la justice et du développement (AKP) pour mettre en œuvre des politiques sociales et des investissements en infrastructures lui permettant habilement de conforter de solides bases sociale et électorale. Entre 2002 et fin 2007, la croissance annuelle moyenne est proche de 8 % et la croissance par habitant supérieure à 6 %. Au-delà du strict aspect de communication politique, « l'effet d'annonce de la multiplication par 3 du PIB par habitant exprimé en dollars entre 2002 et 2012, alors que le PIB réel a augmenté dans la même période de 44 %, joue un rôle considérable dans la stratégie de rétablissement de la confiance[5] ». Toutefois, si l'on constate une sensible diminution du taux de pauvreté, les disparités de revenus et les inégalités sociales persistent.

Après presque cinq années de croissance dynamique continue, l'économie turque montra des signes de ralentissement à partir de 2007 et connut une période de rétraction en 2008.

Le ralentissement du mouvement de réformes et la dégradation de la situation économique internationale se conjuguent alors pour une brève durée, mais dès 2009 s'affirme une nouvelle phase de croissance[6], principalement appuyée sur le secteur du bâtiment et des travaux publics (BTP), qui bénéficie d'une politique de grands travaux, ainsi que sur l'immobilier et sur la consommation des ménages.

On peut donc constater une impressionnante capacité de résilience de l'économie turque, favorisée il est vrai par une stabilité gouvernementale bénéfique aux investissements. De ce point de vue, en dépit des défis d'ampleur qui affectent actuellement le pays, on peut considérer que sa capacité de rebond économique restera un paramètre structurant et persistera dans le moyen terme même si la conjoncture est marquée par de réelles difficultés économiques, nous y reviendrons.

Le libéralisme économique à la turque : potentiel et contradictions

Les phases de relance, appuyées sur le marché intérieur, impliquaient notamment que le secteur de la construction, véritable moteur de la croissance économique turque, ne soit pas capté par des entreprises étrangères. C'est pourquoi le gouvernement a modifié à de nombreuses reprises la loi sur les marchés publics en élargissant peu à peu le champ des dérogations. Si Kemal Derviş avait édicté une réglementation conforme aux normes européennes dans l'attribution des marchés publics, l'AKP n'a eu de cesse, depuis lors, de modifier ces dispositions, en amendant la loi sur les marchés publics plus de cent cinquante fois[7]. Recep Tayyip Erdoğan estime en effet que seule une minorité d'entreprises turques peut satisfaire aux critères européens – en réalité les entreprises qui sont d'ores et déjà parties aux marchés internationaux, principalement représentées par l'Association des industriels et hommes d'affaires de Turquie (TÜSIAD) fondée en 1971 – et qu'il n'est pas question de laisser ce monopole de fait à ceux qu'il considère comme les tenants de la « vieille Turquie ». Par la multiplication des exceptions et l'élargissement des possibilités de sous-traitance, non seulement les entreprises étrangères sont fréquemment écartées des marchés, mais surtout un nouveau cercle d'entrepreneurs, réputés proches de l'AKP, va rapidement se développer, et nombre d'entre eux graduellement constituer l'environnement relationnel immédiat de R. T. Erdoğan[8]. Ce sont notamment ceux que l'on appelle communément les « Tigres anatoliens[9] », qui constituent une partie de la base sociale de l'AKP et qui sont parmi les principaux bénéficiaires de la politique économique mise en œuvre par ce dernier. Les intérêts de cette nouvelle bourgeoisie islamique sont représentés par l'Association des industriels et hommes d'affaires indépendants (MÜSIAD) fondée en 1990 et par la Confédération des hommes d'affaires et des industriels turcs (TUSKON) fondée en 2005 et interdite en 2016, car d'obédience güleniste[10].

Dans ce contexte, on peut souligner les effets des aléas de la perspective d'adhésion à l'Union européenne et du gel *de facto* du processus de pourparlers. En effet, les exigences européennes étant graduellement moins prégnantes, ce sont des choix plus strictement nationaux qui vont prévaloir. Critères d'Ankara *versus* critères de Copenhague, en quelque sorte. En 2011, par exemple, l'Autorité de régulation bancaire perd son autonomie, acquise en 1999, et le gouvernement utilise désormais le Fonds d'assurance et de garantie des dépôts bancaires (TSMF) comme un outil visant à accroître son emprise politique.

D'une manière plus générale, une sorte de « mainmise limitée » sur l'économie par des cercles liés au pouvoir se cristallise depuis presque une décennie. C'est notamment sensible pour les marchés soumis à appels d'offres, induisant des procédures réglementaires et l'attribution de licences. Ce sont alors des entreprises liées au pouvoir qui sont fréquemment favorisées, induisant la pratique courante de la corruption et/ou du népotisme.

En dépit de ces paramètres négatifs, la Turquie, si elle ne parvient pas à maintenir les spectaculaires taux de croissance des années 2010-2011, arrive néanmoins à traverser la crise économique mondiale sans être trop affectée, ce qui lui permet de se hisser au 19ᵉ rang des économies mondiales et d'être membre du G20.

Les taux de croissance de 2016, 2017, 2018 sont respectivement de 3,2 %, 7,4 %, 2,8 % ce qui reste honorable mais insuffisant au vu de la croissance démographique annuelle de 1,2 %[11]. Les économistes s'accordent en effet à considérer que le chômage s'accroît en Turquie si le taux de croissance est inférieur à 4 % par an, il apparaît donc que nous sommes aujourd'hui dans une situation de potentiel accroissement brutal du chômage. Facteur aggravant, les tensions économiques actuelles ne sont pas comparables à celles de 2001-2002. En effet, si la crise se cristallise, elle touchera cette fois-ci l'économie réelle, ce qui rendra plus problématique encore l'insuffisance des investissements privés. C'est ainsi la fin annoncée d'un modèle de développement économique notoirement basée sur l'immobilier et le BTP.

Les objectifs 2023, qui sont évoqués régulièrement par les autorités politiques, constituent en réalité plus une posture qu'une réalité tangible et réaliste. Des économistes indépendants[12] ont par exemple évalué à 12 % le taux de croissance annuelle nécessaire, dès 2016, pour parvenir à ces ambitieux objectifs.

En réalité, le véritable défi économique du pays réside dans ce que les économistes du développement appellent le piège du revenu intermédiaire, c'est-à-dire les difficultés d'un pays ayant atteint un seuil de développement intermédiaire à aller au-delà et à pénétrer dans le groupe des pays à revenus élevés. Selon les critères de la Banque mondiale, la Turquie a été classée comme pays à revenu intermédiaire supérieur en 2005[13]. Le ralentissement de la croissance démographique, le taux de croissance soutenu et la dépréciation internationale du dollar états-unien se sont alors conjugués, ce qui a permis au revenu par habitant de passer en Turquie de 3 500 dollars à 10 500 dollars entre 2002 et fin 2007. Classiquement, dans le cadre du mode de production capitaliste, plusieurs facteurs socio-économiques bloquent la poursuite du processus d'augmentation du revenu par habitant une fois atteint le stade de revenu intermédiaire : manque d'investissement dans la formation, faiblesse des avancées technologiques, stagnation de la productivité du travail et faible efficacité organisationnelle des structures de production. Or, si le pouvoir privilégie les politiques de soutien à une croissance de court terme au détriment d'une politique de réformes structurelles, la Turquie peut rester de nombreuses années dans une fourchette de revenu par habitant comprise entre 10 000 et 12 000 dollars. Situation qui induirait probablement des conséquences sociales et politiques déstabilisatrices.

En effet, l'AKP, tout en s'inscrivant dans une logique néolibérale et poursuivant une politique économique favorable aux investisseurs et aux actionnaires, a su dans le même temps stabiliser le soutien des catégories populaires et des classes moyennes par des politiques sociales qui leur sont favorables. Les tensions susceptibles d'être engendrées par l'incapacité pour l'économie turque de passer au stade supérieur de développement se doubleraient alors de la crainte de perdre des acquis engrangés depuis 2002. La stagnation de la croissance, voire sa décélération, pourrait aussi conduire l'AKP à utiliser encore plus les ressorts d'un populisme autoritaire et accentuer la concentration du pouvoir entre ses mains.

Le défi pour la Turquie est alors de mettre en œuvre les nouveaux ressorts d'une croissance économique maintenue. Cela signifie le développement d'un secteur de haute technologie – pour alimenter le marché intérieur et développer les exportations – et le renforcement d'une main-d'œuvre hautement qualifiée, permettant d'augmenter la productivité du travail toujours très faible à ce jour. En dépit de leur caractère stratégique, les deux manquent à ce stade et nécessiteraient une forte volonté politique et la capacité de se projeter, *a minima*, sur le moyen terme.

Pour ce faire, et compte tenu de son insuffisance de financement intérieur, la Turquie doit pouvoir se procurer à l'extérieur de nouvelles ressources, en plus de celles nécessaires au financement du déficit des comptes courants, ce qui signifie que la part des investissements étrangers devrait augmenter. Dans le strict domaine de la production, l'importance des IDE, par son rôle stabilisateur, devient ainsi primordiale. En 2019, les IDE se sont stabilisés en Turquie à hauteur de 9,26 milliards de dollars[14], après l'important recul enregistré en 2016, c'est-à-dire dans la période suivant la tentative de coup d'État, mais sont loin d'avoir retrouvé leurs niveaux de la période 2011-2013 (alors supérieurs à 10 milliards de dollars par an). Dans ce contexte difficile, on peut noter que l'UE conserve toujours la première place dans la part de ces IDE[15], même si leur montant reste insuffisant au vu des besoins.

Jusqu'à ces dernières années, dans un environnement économique international troublé, la Turquie semblait pouvoir surmonter ses contradictions et offrir une opportunité relative aux investisseurs étrangers, entre autres raisons grâce à un marché intérieur désormais supérieur à 83 millions d'habitants. La conjoncture qui s'ouvre paraît beaucoup plus problématique, même si les fondamentaux restent positifs – déficit budgétaire contrôlé, système bancaire assaini.

Une conjoncture difficile

Il est difficile de parvenir à dresser un tableau précis des conséquences économiques des procédures mises en œuvre à l'encontre des entreprises détenues par les partisans de Fethullah Gülen, accusé d'être le principal instigateur de la tentative de coup d'État du 15 juillet 2016. À ce stade, si des entreprises ont bien été mises sous tutelle[16], on ne peut considérer que cela s'apparente au mouvement de purges observable dans d'autres secteurs de la société. De plus, les unités de production liées à des partisans de F. Gülen, organisées par la TUSKON, étaient principalement de petites et moyennes entreprises, de faible valeur capitalistique, qu'on ne peut donc considérer comme déterminantes dans l'affirmation du capitalisme turc sur la scène économique internationale. En d'autres termes, il ne semble pas crédible d'envisager une significative restructuration du capitalisme turc comme une des conséquences de la lutte implacable mise en œuvre par le pouvoir contre le mouvement güleniste.

S'il ne faut pas sous-estimer la mainmise croissante de proches de Recep Tayyip Erdoğan et le potentiel rachat par ces derniers des entreprises qui appartenaient à des gülenistes, il convient de mesurer la portée d'un tel processus : l'économie turque a d'ores et déjà atteint un degré de complexité tel qu'il est difficile d'imaginer la mise en place d'une économie semi-dirigée. Le libéralisme économique est désormais un paramètre structurant qui, par sa dynamique même, rend difficile qu'un clan seul puisse y imposer une mainmise par trop déterminante, et il n'y a, *a priori*, aucune possibilité de mise en place d'une économie sous tutelle. Ce qui apparaît néanmoins, et qu'il serait nécessaire de décliner au cas par cas, c'est, comme précédemment indiqué, la persistance, voire l'aggravation, d'une sorte de « discrimination positive » dans l'attribution des marchés publics en faveur des groupes entrepreneuriaux liés au clan Erdoğan, mais qui sont plus l'expression de phénomènes d'opportunité que d'une politique coordonnée et systématique.

Les difficultés économiques constatées après la tentative de coup d'État de juillet 2016 se sont brutalement amplifiées deux ans plus tard. Plusieurs facteurs se conjuguent alors, dont le moindre n'est pas la politique monétaire de la Réserve fédérale états-unienne qui décide de relever les taux d'intérêt et donc de renchérir le dollar. Ces décisions affectent notamment les économies émergentes de même que celles des États à revenu intermédiaire qui entretiennent des relations significatives avec les États-Unis. Ainsi, l'Afrique du Sud, le Mexique, l'Argentine, le Brésil subissent de plein fouet les décisions de Washington. Ce facteur strictement financier sera aggravé, dans le cas de la Turquie, par la multiplication des dissensions politiques entre Washington et Ankara.

Les récriminations turques sont tout d'abord nombreuses à propos de la politique menée par les États-Unis en Syrie et plus particulièrement leur soutien à la branche armée du Parti de l'union démocratique (PYD), lui-même structurellement lié au Parti des travailleurs du Kurdistan (PKK) considéré comme organisation terroriste par Ankara, ainsi d'ailleurs que par Washington. Ensuite, le fait que Fethullah Gülen soit réfugié aux États-Unis depuis 1999 constitue un facteur aggravant, puisque ce dernier est accusé par Recep Tayyip Erdoğan d'être l'instigateur de la tentative de coup d'État de juillet 2016 et qu'Ankara exige, vainement, son extradition. Enfin, pour compliquer encore le tableau de ces relations bilatérales chaotiques, un vif contentieux a opposé, en 2018, les deux pays à propos d'un pasteur évangélique états-unien résidant en Turquie, Andrew Brunson, accusé de liens avec le PKK et avec le mouvement de F. Gülen, emprisonné depuis 2016, puis assigné à résidence à partir de juillet 2018, pour enfin être libéré au mois d'octobre suivant.

Le 10 août 2018, la livre turque perd quasi 20 % de sa valeur face au dollar suite à la décision de Donald Trump de doubler les taxes à l'importation d'acier et d'aluminium turcs, les portant respectivement à 50 et 20 %. Les jours et les semaines qui suivent confirment la dépréciation de la livre turque et les contradictions de l'économie. La crise économique induit en effet un net accroissement de la dette extérieure – d'autant que de nombreuses entreprises turques se sont endettées en billets verts –, du déficit commercial et du chômage ainsi, paramètre nouveau depuis que l'AKP est parvenu au pouvoir, qu'une brusque accélération de l'inflation, qui dépasse rapidement les 15 % pour atteindre les presque 25 %, en glissement annuel, en septembre 2018. Le recours au Fonds monétaire international est exclu par Recep Tayyip Erdoğan qui craint ses exigences et ses conditions et qui, *a contrario*, bénéficie d'un investissement de 15 milliards de dollars provenant du Qatar, dont l'émir fit en personne le déplacement à Ankara le 15 août 2018 pour l'annoncer. Incontestable bouffée d'oxygène, mais qui ne résolut rien sur le fond.

Cette crise indique assez bien la vulnérabilité de l'économie turque dans son rapport aux marchés internationaux, aggravée par la relative défiance de ces derniers à l'égard de la Turquie en raison des turbulences politiques qui affectent désormais le pays, les répercussions économiques du chaos syrien et la présence de 3,6 millions de réfugiés en Turquie compliquant encore un peu plus la situation. Les interventions du président turc, qui n'hésite pas à comparer la situation avec celle de la guerre d'Indépendance, appelant à un sursaut patriotique et dénonçant les « lobbies des taux d'intérêt », n'auront guère d'effet. Il faut attendre la rencontre à Londres, le 4 septembre 2018, de Berat Albayrak, ministre des Finances et du Trésor, avec les représentants des institutions financières internationales pour que la Turquie consente à accéder à leurs demandes et obtienne en échange un début de soutien. C'est ainsi à ce moment que la Banque centrale d'Ankara relève son taux directeur et qu'un programme économique visant à contenir la dépréciation monétaire et l'inflation est présenté.

Si les aspects les plus violents de la crise parviennent à être jugulés, ils ont bien confirmé les fragilités structurelles préoccupantes de l'économie turque déjà évoquées : poids de la dette, forte dépendance aux importations indiquant la grande faiblesse des secteurs à haute valeur ajoutée, insuffisance des IDE. Le ralentissement du secteur de la construction, pourtant vital pour l'économie turque, révèle l'ampleur des défis. Au niveau social, la conséquence quasi mécanique de la conjugaison de ces divers paramètres s'incarne dans la paupérisation de parties importantes de la population. Le chômage dépasse les 13 % en 2019 et frappe tout particulièrement la jeunesse, dont plus de 24 % n'ont pas d'emploi déclaré[17].

Le dernier élément, et conséquence de ces tensions, réside dans le nouvel alliage promu par le président turc entre un néolibéralisme dont il ne s'est jamais départi et l'affirmation d'un souverainisme économique qui semble à première vue contradictoire mais dont on sait qu'il a cours dans de nombreux pays,

États-Unis en tête. En Turquie, cela signifie l'irruption directe du président de la République dans la sphère des décisions économiques et la remise en cause de l'indépendance de la Banque centrale et de la Cour des comptes.

Cette dimension résonne bien sûr fortement avec l'autoritarisme politique qui s'est graduellement imposé dans le pays. C'est dans ce cadre que des personnalités de premier plan de l'AKP tel qu'Ali Babacan, prosélyte d'un cours économique libéral classique, ministre de l'Économie de 2002 à 2007 puis de 2009 à 2011 pour devenir enfin vice-Premier ministre de 2009 à 2015, sont graduellement mises à l'écart. La mise en place, en octobre 2018, d'un Comité de la politique économique auprès de la présidence de la République, composé d'une dizaine d'experts, vient parachever un système au sein duquel toutes les décisions, y compris économiques, se concentrent entre les mains d'un seul homme et de ses très proches, comme Berat Albayrak, gendre de Recep Tayyip Erdoğan. Pour autant, la démission surprise du ministre, en novembre 2020, indique l'existence de luttes intestines au sein des cercles du pouvoir quant aux choix économiques à effectuer dans une conjoncture détériorée. Cela signifie par ailleurs que les instances traditionnelles de régulation néolibérale de l'économie, notamment les puissantes organisations patronales telles la TÜSIAD ou la MÜSIAD, voient leur rôle partiellement relativisé.

C'est dans ce contexte économique morose que surgit la crise pandémique de la Covid-19, dont les conséquences seront très certainement corrosives pour la Turquie. Dès la fin du mois d'avril 2020, les réserves de la Banque centrale se sont considérablement réduites pour ne plus représenter que trois mois d'importations. La livre turque, pour sa part, s'est dépréciée de 27 % par rapport au dollar depuis le début de l'année 2020, et nombre d'investisseurs étrangers ont rapatrié leurs capitaux, probablement à hauteur de 8 milliards de dollars. Le gouvernement a certes annoncé un plan de relance de près de 30 milliards de dollars pour les entreprises, mais la perte de revenus des ménages n'a guère été anticipée. La récession s'annonce comme certaine, sans que nul ne puisse en prévoir précisément ni l'ampleur ni les effets sur le marché de l'emploi et sur le pouvoir d'achat.

DES TRANSFORMATIONS DÉMOGRAPHIQUES ET SOCIOLOGIQUES D'AMPLEUR[18]

Riche d'une population de plus de 83 millions d'individus, la Turquie a connu des bouleversements démographiques d'ampleur au cours des dernières décennies. Nombre d'entre eux ont des conséquences sociales, économiques et politiques qui modifient en profondeur la physionomie de la société turque.

Urbanisation accélérée et irréversible

En 1927, les trois quarts de la population recensée en Turquie vivent en zone rurale, cette proportion restant à peu près constante jusqu'en 1950.

Une première phase d'urbanisation significative s'opère au cours de la période 1950-1980. Le nombre d'urbains croît alors deux à trois fois plus vite que celui des ruraux, en dépit d'une croissance naturelle plus forte dans les régions rurales. Cette croissance naturelle élevée des ruraux alimente alors fortement la croissance de la population des villes par un phénomène classique d'exode rural intérieur.

La période 1980-2000 correspond à une deuxième phase d'urbanisation. Alors que la fécondité décline dans les zones rurales, contribuant au déclin de leur population, la croissance devient légèrement plus rapide en ville.

Depuis les années 2000 enfin, la population des localités rurales chute fortement en raison d'une vitalité démographique moindre et de la poursuite de l'exode des jeunes vers les villes.

Croissance démographique naturelle ralentie

Alors qu'il avait avoisiné 25 ‰ par an depuis la fin de la Seconde Guerre mondiale, le taux d'accroissement naturel (différence entre le taux de natalité et le taux de mortalité) a entamé un long et régulier déclin à partir de 1975. La Turquie ayant un solde migratoire apparent négatif[19], le taux de croissance annuel moyen régresse jusqu'à n'être plus égal, en 2005-2010, qu'à la moitié de sa valeur du début des années 1970 : 12,6 ‰, contre 23,8 ‰. Le net rebond à 15,8 ‰ observé en 2010-2015 est intégralement dû à l'excédent migratoire (afflux massif et soudain de réfugiés syriens et de travailleurs étrangers), la balance naturelle poursuivant quant à elle son lent déclin.

Fécondité en baisse constante

Quand le président Erdoğan déclare qu'une femme qui refuse la maternité est « déficiente » et « incomplète », dénonce la contraception et encourage les femmes turques à avoir au moins trois enfants[20], il faut sans aucun doute y voir une conception radicalement conservatrice de la place de la femme dans la société turque. En outre, la logique politique des responsables au pouvoir induit l'idée qu'un pays puissant est un pays à population nombreuse, et donc que, nonobstant l'élévation de la durée de vie moyenne, la fécondité doit demeurer la plus élevée possible.

Or, en Turquie, la fécondité générale baisse depuis les années 1950. Supérieur à 6 enfants en moyenne par femme jusqu'au début des années 1960, l'indicateur conjoncturel de fécondité (ICF[21]) est encore égal à 5,4 enfants au début des années 1970, avant de tomber à 3,4 enfants dans la seconde moitié des années 1980, puis à 2,4 enfants au début des années 2000. En 2010-2015, une fécondité de 2,1 enfants est juste suffisante, compte tenu du niveau de la mortalité, pour assurer le remplacement des générations.

Mortalité de plus en plus tardive

Des années 1950 aux années 2010, l'espérance de vie à la naissance a progressé en Turquie de 41 ans à 74,8 ans, soit une augmentation de plus de 80 %.

La population de la Turquie ne se distinguant pas, en ce domaine, des autres populations du monde, c'est dans les premiers âges de la vie que le recul de la mort a d'abord fait le plus nettement sentir ses effets, puis dans la population des jeunes adultes et désormais au-delà de 50 ans, les probabilités de décès avant cet âge étant devenues très faibles.

Dans les conditions de mortalité de 1950-1955, 50 % des nouveau-nés décédaient statistiquement avant 45 ans s'il s'agissait de garçons, avant 54 ans s'il s'agissait de filles, soit une vie médiane 20 % plus longue pour les femmes que pour les hommes. Dans les conditions de mortalité de 1980-1985, la vie médiane s'élevait à 65 ans pour les hommes et 74 ans pour les femmes (écart de 14 % en faveur des femmes) et dans les conditions de mortalité de 2010-2015, elle atteignait respectivement 78 ans et 83 ans (écart de 6 % en faveur des femmes).

Ainsi, depuis la fin de la Seconde Guerre mondiale, les réformes structurelles de santé mises en œuvre, en améliorant la couverture médicale et l'accès aux soins, ont fortement contribué à l'augmentation de l'espérance de vie, notamment au sein des populations les plus modestes.

Amorce d'un fort vieillissement démographique

De 1950 à 2015, la population des moins de 20 ans a été multipliée par 2,5, en passant de 10,9 millions à 26,7 millions. Mais pour l'essentiel, cette progression s'est observée avant 1990. Depuis cette date, en effet, le nombre de jeunes oscille autour de 25 millions. À l'autre extrémité de l'échelle des âges, non seulement la tendance à la hausse des effectifs ne faiblit pas mais elle est, globalement, beaucoup plus marquée. De 1950 à 2015, la population âgée de 60 ans ou plus a progressé de 1,1 million à 9 millions, soit une multiplication par 8. Entre ces deux groupes d'âges extrêmes, la population des 20-59 ans a augmenté un peu plus rapidement (de 9,4 millions à 42,6 millions, soit une multiplication par 4,5) que la population totale (de 21,4 millions à 78,3 millions, soit une multiplication par 3,7).

Le coup d'arrêt de la croissance des jeunes combiné à la croissance soutenue des plus âgés se traduit par un vieillissement démographique, encore relativement limité mais en voie d'amplification rapide. Alors que, jusqu'au début des années 1980, la moitié des résidents turcs avaient moins de 20 ans, ils ne sont plus qu'un tiers aujourd'hui. Les 60 ans ou plus, qui représentaient à peine 5 % des habitants de la Turquie au début des années 1950, en représentent désormais plus du double (11,5 %). Le vieillissement démographique de la Turquie est ainsi désormais un processus nettement établi.

Éducation, emploi et émancipation des femmes

L'éducation est un déterminant important de l'émancipation des femmes en Turquie. Elle limite les mariages précoces, accroît la participation des femmes au marché du travail et, conséquemment, leurs ressources[22].

Aujourd'hui encore, les préférences familiales et les normes sociales assurent aux garçons une meilleure et plus longue scolarisation qu'aux filles. Cependant, les différences de niveau d'éducation entre les sexes tendent à diminuer. Ainsi, en 2011, le taux de scolarisation dans l'enseignement secondaire des filles équivaut à celui des garçons.

Les taux de fréquentation de l'enseignement scolaire obligatoire sont néanmoins légèrement plus faibles chez les filles que chez les garçons. En 2008, le taux brut de scolarisation dans l'enseignement obligatoire est de 96 % pour les filles et 98 % pour les garçons[23]. Aussi, certaines femmes n'ont jamais reçu d'éducation formelle tandis que d'autres l'ont stoppée avant son terme, ne respectant ainsi pas la durée légale de l'éducation obligatoire.

En 2013, les données UEIVT[24] ne révèlent plus guère de différences entre les taux de fréquentation scolaire obligatoire des garçons et des filles. Pour l'enseignement secondaire non obligatoire, les taux de scolarisation apparaissent plus élevés chez les garçons mais l'écart est faible, 77,2 %, contre 76,1 %.

Le taux de scolarisation des filles dans l'enseignement supérieur se révèle pour sa part plus élevé que celui des garçons. Selon les statistiques nationales sur l'éducation 2013-2014, 40,9 % des filles et 38,9 % des garçons sont inscrits dans l'enseignement supérieur. Néanmoins, la proportion de parents adhérant à l'avis que « l'éducation universitaire est plus importante pour un garçon que pour une fille » tend à augmenter (20 % en 2007 et 32 % en 2011). Ce résultat doit être rapproché des réponses aux questions d'opinion concernant l'emploi des femmes, qui montrent une évolution similaire[25]. Ces éléments indiquent la combinaison d'un regain des valeurs conservatrices et des effets des turbulences économiques traversées par le pays.

Un niveau d'éducation plus élevé et une fécondité plus faible conduisent généralement un plus grand nombre de femmes des cohortes les plus jeunes sur le marché du travail[26]. Toutefois, l'évolution des taux d'emploi des femmes montre deux tendances distinctes. Entre les années 1980 et le milieu des années 2000, le taux d'emploi des femmes (âgées de 15 à 64 ans) a diminué de 36 % à 25 %, principalement en raison d'une réduction de l'emploi dans le secteur agricole[27]. Depuis le milieu des années 2000, le taux d'emploi féminin remonte, jusqu'à 32 % en 2013[28].

Le taux d'emploi des hommes reste néanmoins plus de deux fois supérieur à celui des femmes (65,6 % contre 28,9 % selon l'enquête emploi 2017) et se situe, selon l'OCDE, parmi les plus faibles au monde (respectivement 74,6 % et 66,7 % par exemple en France en 2017, selon Eurostat). Pour autant, la proportion de filles accédant à l'enseignement secondaire et supérieur en Turquie ne cessant d'augmenter, le niveau général d'éducation des femmes induit mécaniquement, toutes choses égales par ailleurs, une augmentation de leur participation au marché du travail.

La hausse future de la population en âge de travailler peut se révéler une richesse pour la Turquie – dividende démographique –, la croissance économique potentielle liée à l'évolution de la structure par âge de la population sera d'autant plus forte que les femmes participeront davantage au marché du travail.

Si l'économie turque stagne, la hausse de la population en âge de travailler et la hausse du niveau d'éducation, notamment chez les femmes, se traduiront par un chômage en forte augmentation. Une partie de l'excédent serait sans doute absorbée par l'émigration, notamment pour les hommes et les femmes hautement diplômés, mais il paraît peu vraisemblable que les économies les plus développées du monde puissent l'absorber intégralement.

Prospective démographique aux horizons 2030-2050

Sur la base d'estimations actualisées des structures par sexe et par âge et des tendances de la fécondité, de la mortalité et des migrations nettes, la Division de la population des Nations unies (DPNU) élabore depuis 1951, pour chacun de ses États membres et divers regroupements de ceux-ci, des perspectives d'évolution des populations.

La révision 2017, comme les précédentes, s'articule sur trois variantes d'évolution future de la fécondité, chacune d'entre elles étant combinée aux deux mêmes variantes d'évolution de la mortalité et de la migration nette.

Pour la Turquie, la révision 2017 anticipe :
- Une fécondité égale à :
  - 1,4 enfant en moyenne par femme en 2025-2030 et 1,3 enfant en 2045-2050 dans la variante basse, soit, comparativement au niveau de 2010-2015 (2,1), une contraction d'un tiers à horizon d'une dizaine d'années et de près de 40 % à horizon d'une trentaine d'années ;
  - 1,9 enfant par femme en 2025-2030 et 1,8 enfant en 2045-2050 dans la variante médiane, soit un déclin respectivement limité à 10 % et 15 % ;

- 2,4 enfants par femme en 2025-2030 et 2,3 enfants en 2045-2050 dans la variante haute, soit des niveaux garantissant aisément à terme, compte tenu de l'évolution supposée de la mortalité dans les âges jeunes et adultes, le remplacement des générations.

– Une progression un peu plus marquée pour les hommes que pour les femmes de la durée de vie moyenne : de 71,5 ans en 2010-2015 à 75,4 ans en 2025-2030 et 80,2 ans en 2045-2050 pour les hommes et de 78,1 ans en 2010-2015 à 81,4 ans en 2025-2030 et 84,7 ans en 2045-2050 pour les femmes.

– Le retour – après une période de très forte immigration nette estimée à 325 000 individus par an en 2010-2015 et anticipée à 305 000 en 2015-2020 –, de la tendance ancienne à l'émigration nette – de l'ordre de 190 000 par an en 2025-2030 et 60 000 en 2045-2050 –. Ce faisant, la DPNU pose que la pression migratoire sur la Turquie va rapidement perdre de la vigueur et/ou que les départs de nationaux turcs ou d'anciens immigrés, syriens notamment, vont surcompenser les entrées, le processus s'affaiblissant progressivement.

D'importants flux migratoires au départ de la Turquie sont-ils envisageables au cours des prochaines années ?

Si l'on considère que la probabilité d'une forte vague d'émigration turque vers l'Europe occidentale est faible, deux questions principales se posent néanmoins lorsque la problématique des flux migratoires en direction ou en provenance de la Turquie est abordée.

Tout d'abord, celle concernant l'hypothétique accélération de l'émigration à partir de la Turquie. C'est principalement le devenir de l'accord du 18 mars 2016 entre la Turquie et l'Union européenne qui se pose alors. En raison des tensions politiques récurrentes qui affectent les relations entre l'Union européenne et la Turquie, Recep Tayyip Erdoğan a menacé, à de multiples reprises, l'Union européenne de rompre cet accord, voire d'organiser le départ des réfugiés syriens vers les États membres de l'Union européenne. Sachant que ces derniers représentent plus de 3,6 millions d'individus, on comprend le moyen de pression qu'ils représentent pour le gouvernement turc. Néanmoins, on peut considérer que ces menaces sont plus déclaratoires qu'animées d'une véritable volonté d'application. Le président turc, au-delà de ces déclarations provocatrices, comprend que les relations économiques avec l'Union européenne restent trop importantes pour risquer de les mettre à mal, ce qui se produirait si l'accord venait à être rompu.

Ensuite, celle de l'émigration vers la Turquie qui pourrait la percuter à l'instar du processus qui s'est cristallisé lors de la crise syrienne avec l'arrivée de millions de réfugiés. Pour autant, force est d'admettre que les ressorts de la guerre syrienne ne sont guère transposables à d'autres États. Ainsi, en raison de leurs spécificités, les conflits militaires qui ont ensanglanté l'Irak au cours des dernières années n'ont par exemple pas généré un fort afflux de réfugiés en Turquie. De même, dans l'hypothèse d'un conflit armé qui surgirait en Iran, on imagine difficilement que des millions d'Iraniens se réfugient chez leur grand voisin occidental. Il est donc peu probable qu'une nouvelle vague de réfugiés parvienne en Turquie si, par hypothèse, de nouveaux conflits militaires éclataient dans des pays limitrophes.

En réalité, ce sont plutôt des flux migratoires provenant de régions ou de pays plus lointains (Afghanistan, Corne de l'Afrique) qui pourraient parvenir en Turquie. Cette dernière se trouverait alors dans la situation d'un sas où des flux la traverseraient en direction de l'Europe occidentale.

Les futurs démographiques envisageables

Dans l'hypothèse d'un déclin substantiel de la fécondité (variante basse), et même si la croissance des effectifs tendrait alors progressivement à ralentir, la Turquie compterait en 2030 et 2050 plus d'habitants qu'en 2015 : respectivement, 84,8 et 85,3 millions, contre 78,3 millions. Dans l'hypothèse d'une remontée de la fécondité, toutes choses étant égales par ailleurs (variante haute), la population de la Turquie s'élèverait à 92 millions en 2030 et 106,5 millions en 2050.

Population estimée en 2000 et projetée en 2040 et 2060 selon plusieurs variantes

		2000	2040 Variante			2060 Variante		
			Basse	Médiane	Haute	Basse	Médiane	Haute
Ensemble	millions	64,7	97,1	100,3	103,6	99,4	107,1	115,1
	%	100	100	100	100	100	100	100
0-14 ans	millions	19	17,9	19,4	20,8	15,2	18,1	21,3
	%	29,3	18,4	19,3	20,1	15,3	16,9	18,5
15-64 ans	millions	41,4	63	64,6	66,2	60,5	64,8	68,9
	%	64	64,9	64,4	63,9	60,9	60,5	59,9
65 ans ou plus	millions	4,3	16,2	16,3	16,6	23,7	24,2	24,9
	%	6,7	16,7	16,3	16	23,8	22,6	21,6

Source : TurkStat

Population vieillissante : la nécessité de réformes économiques et sociales

Selon la DPNU, sauf rebond de la fécondité (variante haute) à même de la stabiliser à hauteur de quelque 22 millions de 2030 à 2050 (contre 20 millions en 2015), la population des moins de 15 ans diminuera, tandis qu'à l'autre extrémité de la pyramide des âges, la population des 65 ans ou plus (toute déjà née aujourd'hui) progressera très rapidement, passant de 6,1 millions en 2015 à 10,7 millions en 2030 (soit une croissance de 75 %) et à près de 20 millions en 2050 (soit une multiplication par un facteur 3,2 en 35 ans).

Population par grands groupes d'âges en 2015 et projetée en 2030 et 2050 selon deux variantes contrastées

		2015	2030		2050	
			Var. basse	Var. haute	Var. basse	Var. haute
Ensemble	Effectif (milliers)	78 271	84 805	92 028	85 271	106 506
	Évolution indiciaire (2015 : base 100)	100	108	118	109	136
	Proportion (%)	100	100	100	100	100
0-14 ans	Effectif (milliers)	20 025	14 688	21 912	10 857	21 789
	Évolution indiciaire (2015 : base 100)	100	73	109	54	109
	Proportion (%)	25,6	17,3	23,8	12,7	20,5
15-39 ans	Effectif (milliers)	31 537	32 028	32 028	24 362	34 665
	Évolution indiciaire (2015 : base 100)	100	102	102	77	110
	Proportion (%)	40,3	37,8	34,8	28,6	32,5
40-64 ans	Effectif (milliers)	20 604	27 406	27 406	30 398	30 398
	Évolution indiciaire (2015 : base 100)	100	133	133	148	148
	Proportion (%)	26,3	32,3	29,8	35,6	28,5
65 ans ou plus	Effectif (milliers)	6 107	10 683	10 683	19 654	19 654
	Évolution indiciaire (2015 : base 100)	100	175	175	322	322
	Proportion (%)	7,8	12,6	11,6	23	18,5

Source : Division de la population des Nations unies

Tandis qu'en 2015, les 50 % les plus jeunes de la population turque avaient moins de 30 ans, ils pourraient avoir de 34 à 36 ans en 2030 et de 37 à 46 ans en 2050.

Ces données indiquent assez bien que la Turquie s'inscrit désormais dans la modernité démographique et que l'évolution de ses structures sociales converge avec celles des pays les plus économiquement développés. Cela signifie que le vieillissement de la population devra générer, dans le court terme, de nécessaires réformes, notamment du système des retraites. Cette question deviendra de plus en plus cruciale, d'autant que les pratiques de solidarité familiale intergénérationnelles séculaires tendent désormais à s'estomper en raison du processus d'urbanisation.

Notes

1. Fonds monétaire international, www.imf.org/external/pubs/ft/weo/2020/01/weodata/weorept.aspx?sy=2014&ey=2021&scsm=1&ssd=1&sort=country&ds=.&br=1&pr1.x=73&pr1.y=10&c=186&s=NGDP_RPCH&grp=0&a=

2. Sauf indication contraire, les données économiques et statistiques proviennent de la Direction générale du Trésor du ministère français de l'Économie et des Finances, www.tresor.economie.gouv.fr/Pays/TR/indicateurs-et-conjoncture

3. Organisation mondiale du commerce, https://data.wto.org, consulté en avril 2021.

4. Ahmet Insel, *La Nouvelle Turquie d'Erdoğan. Du rêve démocratique à la dérive autoritaire*, Paris, La Découverte, 2015, p. 107.

5. Ahmet Insel, *op.cit*, p. 108.

6. Taux de croissance de 9,2 % en 2010, 8,9 % en 2011, 2,2 % en 2012.

7. Esra Ceviker Gürakar, Tuba Bircan, « Political connections and Public Procurement in Turkey : Evidence from Construction Work Contracts », *Economic Research Forum*, 2016.

8. Voir à ce propos Nicolas Cheviron, Jean-François Pérouse, *Erdoğan, Nouveau Père de la Turquie ?*, Paris, François Bourin, 2016, p. 292-306.

9. Voir à ce propos Dilek Yankaya, *La Nouvelle Bourgeoisie islamique*, Paris, PUF, coll. « Proche-Orient », notamment p. 66 et suivantes.

10. Sur le mouvement de Fethullah Gülen, voir p. 27-29.

11. www.tresor.economie.gouv.fr/Pays/TR/indicateurs-et-conjoncture

12. Voir par exemple les travaux de l'équipe de BETAM (Centre de l'Université de Bahçesehir pour la recherche économique et sociale) fondée en 2008 et dirigée par Seyfettin Gürsel.

13. Les pays à revenu intermédiaire supérieur sont ceux dont le revenu par habitant se situe entre 4 046 et 12 535 dollars. World Bank, *Country and Lending Groups*, https://donnees.banquemondiale.org/income-level/revenu-intermediaire-tranche-superieure, consulté en avril 2021.

14. Base de données de la Banque mondiale, https://donnees.banquemondiale.org, consultée en avril 2021.

15. Direction générale du Trésor, *Lumière turquoise*, n° 76, mai 2018, www.tresor.economie.gouv.fr/Pays/Turquie.

16. À noter que les chiffres fournis à l'auteur par des économistes turcs rencontrés au mois d'octobre 2016, trois mois après la tentative de coup d'État, étaient peu précis et oscillaient entre 250 et 4 000. Le chiffre de 596 entreprises est mentionné dans *Le Monde* daté des 4-5 décembre 2016. Le 30 décembre 2019, le quotidien *Hürriyet* publiait un reportage réalisé avec le président du Fonds d'assurance et de garantie des dépôts bancaires (TSMF), Muhiddin Gülal. Ce dernier y annonce que « 829 sociétés appartenant à FETÖ [Organisation terroriste Fethullah Gülen] gérant au total un budget actif de 59,6 milliards de livres turques [soit plus de 10 milliards de dollars

américains] ont été saisies par TMSF depuis la tentative du coup d'État du 15 juillet 2016 ».

17. Base de données de la Banque mondiale, https://donnees.banquemondiale.org, consultée en avril 2021.

18. Les analyses et données statistiques et démographiques de cette partie proviennent d'une étude menée conjointement par Futuribles et l'IRIS pour le compte de la Direction générale des relations internationales et de la stratégie du ministère des Armées, Didier Billion, Alain Parant, *Les Enjeux géostratégiques des évolutions démographiques en Turquie*, Rapport n° 10, septembre 2018. L'auteur en est redevable aux démographes de l'équipe constituée à cet effet.

19. La variation totale de population d'un territoire donné entre deux dates est égale à la somme du solde naturel (naissances - décès) et du solde migratoire (entrées - sorties). Lorsque le solde migratoire est estimé indirectement par différence entre la variation totale et le solde naturel, il est altéré des imprécisions sur la variation totale de population ; des imprécisions qui tiennent aux défauts de comparabilité (changements de concepts de population ou inégale qualité de la mesure). Il est qualifié de solde migratoire « apparent » afin de garder en mémoire la marge d'incertitude qui s'y attache.

20. Voir *infra* p. 80-81.

21. L'indicateur conjoncturel de fécondité est la somme des taux de fécondité par âge d'une année. Il peut être interprété comme le nombre moyen d'enfants que mettrait au monde une femme si elle connaissait, durant toute sa vie féconde, les conditions de fécondité observées cette année-là.

22. Angela Greulich, Aurélien Dasre, Ceren Inan, 2016, « Two or three children ? Turkish fertility at a crossroads », *Population and Development Review*, *42*(3), 537-559.

23. Enquête TNSA [*Türkiye Nüfus ve Sağlık Araştırması*], *Enquête démographique et de santé de Turquie, 2003-2013*. Pour la version anglaise, voir *Turkey : Demographic and Health Survey, 2013*, Hacettepe University Institute of Population Studies, novembre 2014. URL : www.hips.hacettepe.edu.tr/eng/TDHS_2013_main.report.pdf. Consulté le 18 septembre 2018.

24. UEIVT [Ulusal Eğitim Istatistikleri Veri Tabanı], Base de données des statistiques nationales sur l'éducation, 2013.

25. « Lorsque les emplois sont rares, les hommes devraient avoir priorité sur les femmes », 47 % en 2007 et 55 % en 2011, UEIVT, 2013.

26. Meltem Ince Yenilmez, « How the education affects female labor force ? Empirical evidence from Turkey », *Procedia – Social and Behavioral Sciences*, 2. 634-639, 2010.

27. Banque mondiale, *Indicateurs du développement mondial*, 2015, estimations modélisées de l'OIT.

28. Banque mondiale, *op. cit.*, 2015.

Chapitre 3

La laïcité et l'institution militaire : deux exemples des transformations de la société turque

Sphère publique, sphère religieuse : quelle laïcité ?

L'accession de l'AKP au gouvernement

Le « coup d'État postmoderne » de février 1997[1] constitue un tournant de l'histoire de la République de Turquie : s'assignant l'objectif de briser les progrès de l'islam politique à l'œuvre depuis le début des années 1970, il ouvre en réalité de nouvelles perspectives à ce dernier. En effet, la contestation qui se cristallise au sein des partis incarnant l'islam politique, avec la rupture, en 2001, entre réformateurs et traditionalistes et la création de deux nouveaux partis concurrents, marque une étape déterminante pour la suite. Le Parti de la félicité, sous le contrôle indirect de Necmettin Erbakan, alors figure tutélaire de l'islam politique depuis une trentaine d'années, prétend poursuivre la politique des partis précédents qu'il avait créés, alors que l'AKP, sous la direction de Recep Tayyip Erdoğan, tirant les leçons de l'impasse des expériences antérieures, se qualifie désormais de conservateur et démocrate.

Une des principales idées développées par l'AKP au cours de la campagne des élections législatives de novembre 2002 évoque la nécessité de parvenir à des formes de compromis, concept relativement novateur dans le jeu politique turc. Le thème du dialogue était en effet, à ce moment, fréquemment abordé en Turquie au sein d'une partie des intellectuels musulmans, tout particulièrement les gülenistes. Cette évolution, couplée à une volonté proeuropéenne clairement manifestée et la revendication des principes se réclamant du libéralisme économique, est révélatrice des particularités de la nouvelle formation politique. C'est dans ce contexte que l'AKP remporte une nette victoire, amplifiée par le système électoral en vigueur et par le ralliement de nombreux responsables et députés provenant d'autres familles politiques, de la droite libérale notamment. On ne peut ainsi considérer que la victoire de l'AKP, en dépit du passé islamiste de la majeure partie de ses cadres, soit une stricte victoire de l'islam politique, entre autres raisons parce que les résultats obtenus dépassent de très loin ceux que les partis se revendiquant de ce courant idéologique avaient atteints lors des scrutins antérieurs. Cette élection voit d'ailleurs l'effondrement de l'islam politique traditionnel, le parti de Necmettin Erbakan ne recueillant que 2,5 % des suffrages exprimés.

Deux des principaux défis auxquels l'AKP est alors confronté sont ceux de la sortie de l'idéologie de sécurité nationale exacerbée depuis le coup d'État militaire du 12 septembre 1980 et d'une hypothétique redéfinition de la laïcité. Pour ces raisons, l'AKP constituait une réelle menace pour la bureaucratie civile et militaire kémaliste, jalouse de son autonomie et de son ascendant sur la société civile.

Les spécificités de la laïcité turque

Il n'est pas lieu de revenir sur les réformes révolutionnaires réalisées sous la férule de Mustafa Kemal dans les années 1920 et 1930, la liste est longue, mais de n'en retenir ici qu'un aspect : le fait que, par la Constitution de 1937, la Turquie devienne un État « républicain, nationaliste, populiste, étatiste, laïc et réformiste », c'est-à-dire que le principe de laïcité y est désormais inscrit en lettres d'or et semble ordonner les rapports entre les sphères publique et religieuse.

À considérer la politique de laïcisation résolue menée par Mustafa Kemal, on perçoit assez nettement un écho de la politique religieuse menée par la IIIe République entre 1880 et

1905. Le terme de *laiklik*, pour désigner la laïcité, est d'ailleurs le seul qui, parmi les principes kémalistes, trahit une origine étrangère et sonne comme un aveu d'emprunt[2]. Le fait que de nombreux intellectuels turcs aient vécu en France à la fin du XIXe et au début du XXe siècle et aient baigné dans l'atmosphère positiviste qui y régnait alors, n'est pas pour rien dans ce phénomène. Leur principal inspirateur est Émile Durkheim, à travers la lecture qu'en fait, notamment, Ziya Gökalp[3]. On sait que Mustafa Kemal était lui-même un admirateur enthousiaste de la Révolution française et de ses acquis ainsi qu'un lecteur assidu des Lumières et des positivistes. C'est d'ailleurs parce qu'il se situe dans le cadre de ce corpus idéologique que, en dépit de critiques récurrentes à l'encontre de l'obscurantisme des hommes de religion, Mustafa Kemal évaluait toutefois la religion comme un fait social nécessaire aux liens fonctionnels d'une société. Les « kémalistes des origines » ne visent donc pas à éradiquer l'islam mais à l'écarter des affaires politiques et à le réformer. Mustafa Kemal Atatürk va même jusqu'à considérer en 1932 qu'une nation sans religion est vouée à disparaître.

Pourtant, il existe entre la France et la Turquie républicaines une différence essentielle : la laïcisation ne débouche pas en Turquie sur une séparation entre la religion et l'État. Les dirigeants turcs développent une conception de la laïcité dans laquelle, au contraire, l'État exerce un contrôle très étroit sur la religion, en attribuant notamment à la Présidence des affaires religieuses, la *Diyanet*, rattachée aux services du Premier ministre, un rôle central au sein des institutions étatiques. Ainsi est appliqué en Turquie un système qui tient plus du système concordataire de l'Alsace-Moselle que de celui découlant de la loi de 1905.

Il faut en outre rappeler que si l'influence du modèle français est indéniable, il ne doit pas pour autant nous faire négliger l'histoire ottomane dans laquelle s'inscrit la République de Turquie. En effet, l'État ottoman, en ce sens légataire de l'Empire byzantin, n'a cessé d'imposer une mainmise sur le fait religieux, c'est-à-dire une forme de « césaro-papisme ». L'histoire ottomane est ainsi celle d'une domination du pouvoir politique sur le pouvoir religieux qui trouve une nouvelle incarnation dans le kémalisme. En d'autres termes, ce dernier apparaît comme une étape nouvelle dans le processus de contrôle de l'islam par l'État.

C'est ainsi que la *Diyanet*, qui emploie aujourd'hui plus de 140 000 fonctionnaires[4] et dont le budget dépasse l'équivalent de 1,2 milliard d'euros, agit comme un organisme chargé de réguler et d'administrer toutes les questions relevant des croyances et des rituels. Elle régit le pèlerinage à La Mecque, organise et surveille l'activité des mosquées, nomme et rémunère les imams chargés du culte, statue sur le contenu de l'enseignement religieux et sur celui des sermons du vendredi. La *Diyanet* agit ainsi paradoxalement comme une institution de légitimation du pouvoir qui se propose de mettre en pratique une version nationale de l'islam se voulant éclairée et moderne[5]. Néanmoins, l'islam n'est pas en Turquie une religion d'État, l'islam officiel définit une religion réduite au minimum, c'est-à-dire se limitant à la seule pratique du culte sans interférence dans la vie politique, culturelle ou sociale. Ce sont sur ces derniers aspects que l'AKP va tenter d'infléchir les normes du fonctionnement de la quotidienneté turque.

Les particularités de la laïcité kémaliste et l'importance maintenue de l'État dans le contrôle des affaires religieuses incitèrent nombre d'islamistes à devenir apparemment plus laïques que les kémalistes eux-mêmes, n'hésitant par exemple pas à faire appel à des arbitrages européens[6] pour faire valoir une stricte séparation des sphères publique et religieuse. Au vu du contexte turc, l'enjeu est alors d'évaluer si un islam totalement libéré du contrôle exercé par l'État et administré par une structure autonome serait, oui ou non, respectueux des principes laïques et ne céderait pas à la tentation de restreindre les libertés de ceux qui ne partagent pas les mêmes convictions religieuses ou ne se reconnaissent pas dans ladite structure. Outre les citoyens de confession chrétienne ou juive, ne sous-estimons pas les membres des confréries musulmanes, particulièrement nombreux en Turquie, qui ne veulent pas être liés à une quelconque autorité religieuse autre que celle qu'ils se sont donnée volontairement.

La singularité alévie

La question posée est encore plus sensible pour les alévis, qui seraient évidemment extrêmement méfiants devant une telle évolution. En 2017, on estimait que 12 à 20 millions d'individus se réclamaient de ce courant[7], ils constituent donc un élément incontournable de la pluralité des islams turcs. Ces musulmans non sunnites, représentant un courant religieux hétérodoxe, sont au demeurant difficiles à cerner. Phénomène *sui generis*, l'alévisme ne se réduit pas à une définition univoque et les spécialistes ne s'accordent pas même sur sa nature. Pour les uns il relève de la sphère religieuse, c'est-à-dire un islam teinté de chiisme, voire une religion propre. D'autres mettent en avant la dimension ethnique, qu'elle soit chamaniste turque ou kurdo-zoroastrienne, puisque l'alévisme est présent au sein de populations turcophones et kurdophones. D'autres enfin y voient une philosophie politique, manière de vivre tolérante, idéal démocratique, laïcité authentique ou bien philosophie de la révolte et de lutte contre l'injustice et l'oppression. Comme le souligne, Élise Massicard, nous avons affaire à « un mouvement identitaire sans identité[8] ». L'alévisme ne trouvera jamais de reconnaissance officielle dans l'Empire ottoman, qui réserve aux seuls non-musulmans le droit aux communautés organisées, dans le cadre du système des *millets*.

Jouissant d'une réhabilitation partielle après 1923, considérés comme porteurs d'une culture turque non abâtardie, les alévis voient s'ouvrir devant eux un moment d'ascension sociale, souvent au prix de l'oubli, ou de la dissimulation, de leur identité propre. Ils trouvent dans la République une forme de protection contre l'intolérance sunnite à leur égard, et lui fournissent de nombreux cadres. La guerre civile larvée des années 1970, marquée par de graves pogroms contre des alévis, ou encore leur lynchage à Sivas en 1993, mirent fin à ce sentiment de fusion avec la République. Leur demande de reconnaissance et leur lutte contre les discriminations, notamment sur la question du statut de la *Diyanet*, se font désormais de plus en plus explicites, puisque, le sunnisme hanéfite y prévalant, l'alévité en est en effet exclue. Certains alévis y demandent leur intégration, d'autres préfèrent revendiquer son abolition pure et simple ainsi que la séparation totale de la religion et de l'État et la suppression des cours d'instruction religieuse obligatoire à l'école.

Ce dernier point cristallise d'ailleurs de nombreuses questions. L'enseignement de la religion, supprimé durant la période kémaliste puis rétabli durant la décennie 1950 sous le gouvernement du Parti démocrate, est devenu obligatoire après le coup d'État de 1980, à partir de la quatrième année de l'école primaire. La Constitution de 1982, élaborée et adoptée sous régime militaire, l'affiche en effet explicitement dans son article 24 : « Éducation et instruction en matière religieuse et éthique seront conduites sous la supervision et le contrôle de l'État. L'instruction en matière de culture religieuse et d'éducation morale sera obligatoire dans le programme d'études des écoles primaires et secondaires. L'instruction et l'éducation d'autres religions seront soumises au souhait personnel et, dans le cas des mineurs, à la demande de leurs représentants légaux[9]. » Les militaires instrumentalisent alors clairement la religion dans leur obsessionnelle lutte contre le « danger communiste » et contribuent à instaurer un « cours de culture religieuse et de connaissances morales ».

Pourtant, l'enseignement, strictement sunnite, excluant les autres branches de l'islam, dont l'alévisme, constitue le caractère pour le moins problématique de cette obligation. C'est soi-disant dans le but affiché d'éviter des divisions dommageables à l'unité nationale et de favoriser la cohabitation harmonieuse des différentes composantes de la population turque que cette obligation a été instaurée pour tous les élèves, qu'ils soient issus des familles pratiquantes sunnites ou alévies, des familles sécularisées, des familles chrétiennes ou juives. Néanmoins, si la liberté d'être dispensés de cet enseignement a été offerte aux élèves juifs et chrétiens, ce n'est pas le cas pour les alévis. Quelque temps après la première victoire électorale de l'AKP, le ministre de l'Éducation avait publiquement envisagé, le 3 novembre 2003, de permettre l'enseignement de l'alévisme[10]. Cela n'a finalement jamais été mis en œuvre.

Les débats initialement portés par l'AKP

Depuis les années 1950, l'islam sunnite turc a connu un renouveau de vigueur se manifestant par la restructuration des confréries et l'émergence graduelle de l'islam politique. On se souvient par exemple que l'arabe a remplacé le turc pour l'appel à la prière, l'*ezan*, dès 1950. Toutefois, quelle que soit la vitalité de la religion, la société turque a intégré et intériorisé la laïcité, l'ampleur des réformes kémalistes ayant profondément modifié les pratiques et les mentalités. Les croyants turcs, même très pieux, ne remettent pas en cause les principes de la laïcité, sauf quelques groupes minoritaires et marginaux. D'une part, les partis se réclamant de l'islam politique se sont intégrés, moulés et banalisés dans le cadre de l'État-nation en acceptant les règles du jeu politique parlementaire ; d'autre part, les formes de revivalisme religieux, comme la réémergence des confréries et des pratiques soufies ou l'augmentation du nombre de femmes voilées, se font en dehors du strict périmètre des mouvements politiques. Il est loisible de considérer que la scène religieuse, en se diversifiant, s'est privatisée, ce qui, au-delà du paradoxe, est un des aspects essentiels de la question religieuse en Turquie et l'expression d'un fort enracinement de la laïcisation de la société[11].

Dans ce contexte contradictoire, l'enjeu de la redéfinition de la laïcité ne pouvait alors que revêtir une acuité nouvelle. Les débats à ce propos se sont multipliés en Turquie en opposant ceux qui contestent les modalités d'application concrète de la laïcité aux tenants de l'orthodoxie kémaliste. On peut alors constater qu'entre la laïcité comme segment de l'idéologie d'État et la laïcité comprise comme susceptible d'élargir le champ des libertés individuelles, nombreux sont ceux qui, se réclamant de l'islam politique, demandent une redéfinition du concept et la mise en œuvre de nouvelles formes de régulations entre les sphères publique et religieuse, tout en songeant, plus prosaïquement, à la réactivation de principes moraux qui, considèrent-ils, manquent singulièrement dans les sociétés sécularisées et mercantiles.

Cette redéfinition s'appuie en premier lieu sur une clarification de ce qu'il faut entendre par « fait religieux ». À ce titre, les conservateurs-démocrates de l'AKP, tels qu'ils se définissaient eux-mêmes dans les premières années de l'existence du parti, établissaient une clarification surprenante des religions. « À côté des religions païennes (chamanisme, manichéisme) et des "religions du Livre" (judaïsme, christianisme et islam), ils reconnaissent comme religion à part entière l'athéisme, le positivisme et le marxisme. La reconnaissance de la dernière catégorie n'est pas innocente, car elle conduit à établir que la laïcité devra veiller à ce que ces trois courants idéologiques soient séparés de l'État comme cela doit être aussi avec les religions traditionnelles. [...] Faisant un retour sur l'histoire, ils retiennent que la laïcité a été utilisée jusqu'alors par le pouvoir comme une idéologie dogmatique et que les "laïcards" *(laikçi)* ont combattu les partisans de "l'État-charia[12]" *(cheriat devleti)*, alors qu'eux-mêmes représentaient un "État religieux séculier" *(seküler din devleti)*, de religion kémaliste et cultivant une "charia sécularisée" *(seküler cheriat)*. Ils en retirent que "le laïcisme est contraire à la laïcité"[13]. » Le kémalisme est donc alors défini comme une religion du positivisme et un culte de la science.

Les théoriciens de l'AKP refusent alors toute interférence entre l'État, le gouvernement et une quelconque école religieuse, confrérie ou autre groupe confessionnel. Au nom de ces concepts, seuls les hommes politiques élus doivent être responsables de la vie et des choix politiques. Le parti s'inscrit donc clairement contre un « État des hommes de religion » ou un « État des scientifiques », ces derniers désignant les kémalistes. En dépit du fait que ces théoriciens se veulent rassurants à propos de l'islam en indiquant qu'il ne doit pas être conçu comme un système politique et qu'il ne profitera donc pas du système laïque pour essayer de conquérir l'État, se pose le débat récurrent d'une hypothétique stratégie de l'agenda caché de l'AKP qui viserait à bénéficier de la liberté fournie par la laïcité avant d'essayer de l'éliminer.

Même si l'on peut légitimement s'interroger sur leur part tactique, on peut noter que, dans le même registre, une partie des kémalistes a pour sa part entamé une réflexion sur ces thématiques et assoupli sa vision de l'islam et des pratiques religieuses, et professe une laïcité respectueuse des croyances, comme l'illustrent par exemple le président du CHP Kemal Kiliçdaroğlu ou, du même parti, le maire d'Istanbul, élu en 2019, Ekrem Imamoğlu.

Plus intéressants sont certainement les intellectuels, souvent issus de la gauche ou de la gauche radicale, qui depuis de nombreuses années développent leurs réflexions sur les rapports entre les sphères religieuses et publiques et s'inscrivent dans le même type de problématique en considérant nécessaire de parvenir à dépasser le kémalisme et ses manifestations les plus dogmatiques[14].

Il est aussi symptomatique que, dans le programme initial de l'AKP, la laïcité, « qui tolère toutes les croyances », apparaisse comme une garantie de la démocratie et des libertés de religion et de conscience, ce même programme insistant sur le fait que la religion ne doit être ni conçue ni interprétée comme opposée à la laïcité et s'inscrit contre l'éventualité de son instrumentalisation politique.

Ainsi, l'AKP, dans ses premières années d'existence, proposait au pays une laïcité à la française adaptée aux spécificités de la Turquie, au sein de laquelle le kémalisme serait reconnu comme forme d'expression de type religieux et serait assujetti au même devoir de non-ingérence dans les affaires de l'État. Cependant, l'autonomie de l'islam entraînerait-elle que ses principes propres puissent être librement appliqués dans des domaines où elle se trouvera en contradiction avec le droit civil en vigueur ? Les problématiques liées au droit des femmes, au mariage ou à la polygamie viennent par exemple immédiatement à l'esprit. Paradoxalement, les dirigeants démocrates chrétiens européens semblaient alors peu inquiets, puisqu'ils ont ouvert les portes du Parti populaire européen aux membres de l'AKP en leur fournissant le statut d'observateur de mars 2005 à novembre 2013[15]. Nombreux sont alors ceux qui, au sein du Parlement européen, n'avaient pas manqué d'ironiser sur « l'alliance de la Croix et du Croissant » en défense des valeurs conservatrices.

La pratique de l'AKP au pouvoir

Pour mieux saisir la dynamique politique de l'AKP sur ces questions, il semble utile de recourir à quelques éléments de comparaison et d'admettre que les formes de revivalisme religieux n'ont rien de spécifiquement turc. Aussi, les affirmations de nombreux penseurs des XIXe et XXe siècles quant à l'extinction programmée des croyances religieuses ne semblent pas en situation de se concrétiser.

Comme expliqué précédemment, la redéfinition de la laïcité comme stricte séparation des sphères religieuse et publique et l'abandon du contrôle de l'État sur le religieux étaient clairement inscrits dans le programme initial de l'AKP. Le moins que l'on puisse dire, après quasi deux décennies d'exercice sans partage du pouvoir, c'est que le parti ne pose plus les questions en ces termes.

On peut d'abord souligner que de nouveaux paradigmes identitaires idéologiques sont déployés dans l'exercice du pouvoir et que les références et les formules religieuses ponctuent désormais régulièrement les discours des responsables politiques de l'AKP. Il s'agit ensuite de la mise en œuvre de formes de religiosité dans l'espace public concourant à l'islamisation de ce dernier et illustrant la volonté d'initier un vaste retour à un ordre moral à fort contenu religieux. Les quelques exemples fournis ici sont loin d'être exhaustifs, mais mentionnés pour tenter de faire ressortir ce qui révèle une véritable cohérence politique.

Pour la première fois, en février 2012 au Parlement, Recep Tayyip Erdoğan explique publiquement qu'il veut « former une génération pieuse », affirmation depuis lors maintes fois répétée et qui constitue probablement la matrice fondamentale qui va dicter ses décisions, notamment dans le cadre du tournant autoritaire de 2010 que nous avons déjà mentionné. Les codes religieux sont conçus comme instruments de normalisation sociale et, dans le cas présent, vecteurs de lutte contre les dérives supposément portées par les « valeurs » occidentales.

Ainsi, la consommation d'alcool est pourfendue et, en mai 2013, une loi est votée pour en limiter la commercialisation, notamment par l'interdiction de sa publicité dans les médias, sa vente de 22 heures à 6 heures du matin et à tout moment à proximité immédiate des écoles et des mosquées. Les explications relatives à la santé publique, bien que non dénuées de fondement, ne leurrent en réalité personne. En stigmatisant la consommation d'alcool, il s'agit bien de restreindre les libertés individuelles et d'imposer une norme sociale.

Quand on évoque l'islamisation de l'espace public, on pense immanquablement à la signification du port du voile. Contrairement à celui du *fez*, il ne fit pas l'objet d'interdiction légale après la proclamation de la République. C'est seulement en 1982 que son port fut réglementé et interdit dans les services publics et dans les établissements d'enseignement. Ces restrictions ont depuis lors été graduellement levées et l'on peut constater qu'il est désormais fréquent, non seulement dans les lieux publics, mais aussi dans la fonction publique, dans les universités et dans les établissements scolaires depuis 2014. Depuis février 2017, il est même autorisé au sein de l'institution militaire, après l'avoir été en 2016 dans la police.

Ces décisions ont suscité de multiples polémiques et oppositions, qui ne sont pas sans rappeler celles persistant en France depuis de nombreuses années sur le même thème. Le sujet est compliqué car il mêle différents niveaux d'analyse : liberté de choix vestimentaire, dimension religieuse, respect de la tradition, affirmation idéologique d'un sentiment de revanche sur les anciennes élites kémalistes. Aucune obligation de le porter à ce stade, mais ses opposantes craignent d'être stigmatisées à cause de la pression sociale, la « pression du quartier », dit-on en Turquie, qui pourrait s'exercer à l'encontre de celles qui ne le portent pas. Comme le souligne une militante féministe : « même si les lois ne sont pas révisées, le discours conservateur a déjà un impact sur la société parce qu'il fixe des stéréotypes sur les rôles sexuels[16] ».

Plus fondamentalement, cela renvoie à la conception du rôle de la femme dans la société portée par les dirigeants de l'AKP. Pour aller à l'essentiel, cette dernière, considérée comme porteuse des valeurs traditionnelles, et donc conservatrices, est réduite au rôle d'épouse, de procréatrice et de mère. On se souvient qu'en 2004, quelques jours avant l'accord définitif de l'Union européenne visant à ouvrir les pourparlers d'adhésion à l'UE, l'AKP avait tenté d'introduire la pénalisation de l'adultère dans la réforme du code pénal. Devant la mobilisation des organisations féministes turques et les vives réactions de la Commission européenne, le projet fut rapidement abandonné, mais l'alerte lourde de sens. Pour Recep Tayyip Erdoğan, « une femme qui rejette la maternité, qui rechigne à s'occuper du foyer, est déficiente, incomplète, quels que soient ses succès dans la vie professionnelle[17]. » Prônant un minimum de trois enfants par femme, le président turc manifeste fréquemment son opposition à l'avortement, considéré comme un meurtre, et va même jusqu'à vouloir l'interdire en 2012. Face à la combativité des organisations de défense des droits des femmes, il sera néanmoins contraint d'abandonner ce projet. C'est aussi son opposition à la contraception et au planning familial qu'il exprime régulièrement, par exemple lors du vingtième anniversaire de la fondation TÜRGEV (Fondation de la jeunesse et de l'éducation) dont son fils Bilal est l'un des dirigeants[18]. Ces prises de position entrent manifestement en résonance avec celles énoncées dans de nombreux pays et s'inscrivent dans un cours rétrograde visant à remettre en cause les droits acquis grâce aux combats menés de longue date par les mouvements féministes.

Les exemples sont légion d'attaques contre le principe d'égalité des sexes. On peut ainsi rappeler l'opposition à la mixité des foyers d'étudiants, la proposition de l'ancien maire AKP d'Ankara de créer des wagons réservés aux femmes dans le métro, la suggestion du président du Parlement, Ismaïl Kahraman, vite désavoué il est vrai par le président turc, de retirer la laïcité de la Constitution[19], ou encore Bülent Arınç, à l'époque vice-Premier ministre, intimant aux femmes de ne pas rire en public, ce qui ne manqua pas de déclencher d'ironiques réactions sur les réseaux sociaux.

Enfin, les réformes successives de l'enseignement s'inscrivent dans la même logique autoritaire et rétrograde : nomination directe des recteurs par le président de la République, suppression de l'enseignement de la théorie de l'évolution de Darwin, accroissement du volume horaire de l'enseignement de la religion sunnite, multiplication significative du nombre d'établissements confessionnels, dits *imam-hatip*, et transformation de leur statut d'établissement professionnel – initialement consacré à la formation des futurs imams et prédicateurs – à celui d'établissement d'enseignement général à partir du collège, créant ainsi un système d'enseignement général religieux parallèle à l'enseignement classique. La multiplication rapide de ces établissements risque même d'en faire désormais un choix quasi obligatoire dans certaines localités ou certains quartiers. Enfin, l'impossibilité des diplômés des *imam-hatip* d'accéder à de nombreuses formations universitaires a été levée en 2012.

L'ensemble de ces évolutions possède un sens assez clair. Par touches successives, il s'agit de mettre en place de nouveaux paradigmes et normes de la vie sociale. Nombre des mesures prises par l'AKP s'inscrivent dans un contexte mondial de tentatives de retour à un ordre social conservateur et réactionnaire. La question est alors de déterminer si ces mesures constituent en Turquie un projet de remise en cause de la laïcité telle que conçue depuis l'instauration de la République, et donc d'imposer un ordre politique de type théocratique, ou si elles sont l'expression d'une volonté d'imposer un ordre moral au sein duquel la priorité serait donnée à l'*edeb*[20]. La réponse se trouve probablement entre les deux et il ne semble pas qu'il y ait la volonté d'instaurer la charia, c'est-à-dire de supprimer le principe de laïcité dans ses dimensions juridiques et politiques. Ainsi, si le discours et les référents identitaires possèdent un contenu de plus en plus confessionnel, le régime juridique régissant les rapports entre sphères publique et religieuse n'a pas été modifié à ce jour, exception faite de la suppression de l'interdiction du mariage religieux en l'absence de mariage civil préalable, même si c'est toujours ce dernier, et seulement ce dernier, qui est reconnu par la loi. Pour autant, il est certain que l'ordre moral qui s'installe peu à peu est mal vécu et anxiogène pour la composante occidentalisée de la société.

L'AFFAIBLISSEMENT DU RÔLE POLITIQUE DE L'INSTITUTION MILITAIRE

L'armée turque : de quoi parle-t-on[21] ?

Avec près de 390 000 hommes et femmes civils et militaires [gendarmerie (180 000) et garde-côtes (5 500) dépendant du ministère de l'Intérieur non compris], l'armée turque est la deuxième armée de l'OTAN en termes d'effectifs. C'est une armée de conscription qui se professionnalise progressivement (42 % des effectifs en mars 2017), essentiellement terrestre et dotée d'un éventail complet de capacités. Parmi les matériels majeurs en service dans les forces armées turques figurent 1 700 chars, 2 500 pièces d'artillerie, 400 avions de combat, 450 hélicoptères, 17 frégates et 14 sous-marins.

La mission des forces armées turques est de défendre la nation en cas d'agression extérieure, de prendre part aux opérations de sécurité intérieure (protection des frontières, lutte contre le terrorisme), d'intervenir en cas de catastrophes naturelles et, sur décision parlementaire, de participer aux opérations extérieures indépendantes ou sous mandat de l'ONU, dans le cadre de l'OTAN ou de coalitions *ad hoc*.

Des accords militaires et de défense de différentes natures – parmi lesquels un grand nombre d'accords de coopération industrielle – ont été signés avec une cinquantaine de pays. Outre les coopérations traditionnelles (pays membres de l'Union européenne et États-Unis), la Russie, l'Ukraine, la Chine et la Corée du Sud deviennent des partenaires significatifs.

L'armée turque est globalement équipée de matériel d'origines principalement nationale et états-unienne mais provenant également de nombreux autres pays comme l'Allemagne, le Royaume-Uni ou encore la France (hélicoptères Cougar, chasseurs de mines, avisos, missiles antichars Eryx…). L'industrie de défense locale, qui monte en puissance, satisfait aujourd'hui 65 % (chiffre officiel de 2018) des besoins des forces armées turques, l'ambition affichée étant d'élever ce ratio à 75 % en 2023, année du centenaire de la fondation de la République.

Le programme de modernisation des forces armées turques est très ambitieux avec près de 700 projets parmi lesquels le char Altay, l'hélicoptère de combat T-129 Atak, la corvette Milgem, la frégate TF-2000, le drone Bayraktar, l'avion de combat de cinquième génération TF-X, le satellite d'observation Göktürk III ou encore le système de défense sol-air Hisar. Parallèlement à ces programmes nationaux sont conduits quelques projets en coopération (sous-marin 214TN) tandis que des achats sur étagère avec transfert de technologies, comme le système russe de défense sol-air et antimissile S-400, ont pour objectif de combler les déficits capacitaires.

La Turquie n'est pas membre de l'Agence européenne de défense (AED), mais elle a posé sa candidature pour devenir membre à part entière de l'OCCAr (Organisation conjointe de coopération en matière d'armement) où elle prend part au programme A400M.

Le rôle constitutionnel de l'armée

L'ingérence quasi institutionnalisée des militaires dans la vie politique turque est inséparable de l'édification de l'État républicain. Durant plusieurs décennies, l'institution militaire n'a en effet cessé d'être un acteur des déchirements de la société et des conflits entre classes sociales. Elle émit à de multiples reprises d'âpres critiques à l'encontre des élites civiles qui, selon elle, mirent en danger par leur incapacité et/ou leur inertie la survie de la nation et de l'État. L'idée de l'intervention dans la sphère politique fut ainsi vécue d'une manière quasi fonctionnelle parmi les officiers turcs, qui s'arrogèrent le droit de juger des intérêts nationaux compromis par les actions estimées irresponsables des partis politiques.

L'article 35 de la Loi sur le service intérieur des forces armées établissait constitutionnellement que le devoir desdites forces était de « préserver et de protéger la patrie et la République de Turquie », ce qui fournit donc indirectement aux forces armées un droit permanent d'ingérence dans la vie politique du pays, droit qui se traduisit dès lors, dans les faits, par une militarisation du système politico-étatique. Néanmoins, au mois de juillet 2013, une loi fut votée au Parlement modifiant l'article 35, qui devint : « le devoir des forces armées turques est de protéger le peuple turc contre les menaces et dangers venant de l'étranger, de permettre la conservation et le renforcement de la puissance militaire afin d'être dissuasif, de remplir les missions à l'étranger décidées par le Parlement et de contribuer à la paix internationale[22] ». Les forces armées turques perdaient alors une grande partie de leur influence politique et devenaient désormais soumises au contrôle du gouvernement civil, nous y reviendrons.

Le coup d'État de 1980 a constitué une claire illustration de la situation qui prévalait, lorsque les forces armées s'emparèrent du pouvoir avec l'objectif assumé d'extirper la « subversion » du corps social par une politique planifiée de terrorisme d'État. Les forces armées turques prétendirent alors instaurer une hégémonie de substitution en considérant que les conflits sociaux et politiques venaient à menacer la stabilité du pays, voire l'existence du système pris dans sa globalité.

Néanmoins, les grilles d'analyse qui considèrent la vie politique turque comme ayant été un lieu de confrontation permanent opposant les militaires et partisans du système kémaliste aux civils favorables à sa refonte sont réductrices, dans la mesure où on ne peut considérer comme avérée une déconnexion radicale entre les forces armées et le reste de la société. En Turquie, en dépit des nombreux privilèges dont elle bénéficie, l'institution militaire est loin d'être isolée dans l'univers clos de ses casernes. Au contraire, la branche militaire de l'État est un miroir, certes déformant, de la société dont les tensions et conflits se répercutent indirectement sur l'institution et ses membres[23].

La continuité du pouvoir militaire en Turquie se réalise alors non pas à travers une dictature militaire permanente – il est ainsi singulier de constater qu'à la différence de nombreux exemples prévalant, notamment en Amérique latine, l'armée turque, après la mise en œuvre de coups d'État[24], ne s'éternise pas dans les strates du pouvoir exécutif et restitue ce dernier aux civils dans des délais relativement courts –, mais par la légalisation de la place privilégiée de l'institution militaire dans l'ordonnancement institutionnel. Le Conseil de sécurité nationale en constitue l'illustration problématique. Instauré par la Constitution de 1961, puis renforcé par les coups d'État de 1971 et de 1980, il a longtemps été le principal organe au sein duquel s'effectuent les transactions entre militaires et civils. En principe, sa compétence est limitée aux questions de sécurité nationale, mais le flou du concept permet audit Conseil de traiter de sujets multiples. Son terrain de prédilection fut principalement constitué par les dossiers afférant aux problématiques kurde et islamiste, mais il fut aussi amené à traiter des risques de troubles sociaux, des évolutions socio-économiques, de la politique étrangère ou encore de la manière dont il convient d'écrire l'histoire de la République.

Au cours de la décennie 1990, les événements survenus aux plans national (montée en puissance de mouvements liés à l'islam politique) et régional (séparatisme kurde) ont contribué à redéfinir la position, la capacité ainsi que le rôle politique de l'institution militaire. L'armée s'est attribué la tâche de lutter contre la subversion, religieuse ou ethnique, sans toutefois exercer directement le pouvoir, dans un contexte de méfiance mutuelle croissante entre civils et militaires. Traditionnellement suspicieuses envers les partis et responsables politiques, les forces armées ont trouvé de nombreuses raisons de douter de la capacité des civils à relever les défis de la société turque et à préserver les fondements de la République. Ces éléments ont alors contribué à accroître l'influence de l'institution militaire.

Néanmoins, au début des années 2000, l'évolution interne du pays et le contexte international ont imposé une reformulation de la fonction et des tâches assignées à l'institution militaire. En effet, au-delà des facteurs structurants régissant les rapports de l'armée à la société turque, le pouvoir civil, par un double mouvement complémentaire, s'est graduellement renforcé et l'institution militaire n'a plus semblé se trouver en situation de reproduire les schémas qui l'avaient placée au centre des relations sociales et politiques depuis les débuts de la République.

La limitation graduelle du rôle de l'institution militaire

De ce point de vue, la victoire de l'AKP aux élections législatives de novembre 2002 représenta une accélération des évolutions en cours. L'AKP a adopté dès 2003, dans le cadre des pourparlers pour l'adhésion de la Turquie à l'Union européenne, des réformes d'harmonisation avec les normes européennes, notamment sur ce dossier, en respectant l'exigence du contrôle civil sur l'institution militaire. Compte tenu de la récurrence des coups d'État en Turquie, c'est cependant avant tout dans le but de consolider son pouvoir et de se mettre à l'abri d'une éventuelle dissolution que l'AKP est graduellement parvenu à limiter l'influence militaire turque sur la sphère politique.

La démilitarisation des institutions a été le premier moyen utilisé par l'AKP pour réduire le pouvoir politique de l'armée. Ainsi, la réforme du Conseil de sécurité nationale votée en juillet 2003[25] réduisit ses prérogatives, et la politique mise en œuvre a nettement circonscrit son rôle en délimitant strictement le rôle des forces armées aux seules fonctions militaires. Les différentes réformes entreprises en ce sens impliquent que le Conseil de sécurité nationale ne peut désormais plus ni imposer ses décisions au Conseil des ministres ni intervenir directement dans l'élaboration des politiques nationales. La marge de manœuvre de son secrétariat est limitée, les représentants militaires ne siègent plus dans des institutions civiles comme le Haut Conseil de l'éducation, et les tribunaux militaires ne sont plus en capacité de poursuivre des civils.

Dans le même mouvement, les campagnes politiques contre l'institution militaire se multiplient au cours des années 2005-2006 : accusation d'enrichissement personnel par le biais d'abus de privilèges de l'ancien chef d'état-major de la Marine, l'amiral Ilhami Erdil, qui fut condamné à deux ans et demi de prison ; accusation d'abus dans la conduite d'actions clandestines avec invocation du secret d'État pour camoufler des excès manifestes dans l'utilisation de la force ; peines de prison pour des officiers reconnus coupables de corruption dans l'attribution de marchés publics ; condamnation de plusieurs militaires pour châtiments corporels, mauvais traitements ou torture. La liste devint longue des incriminations publiques contre l'armée.

Les relations entre le gouvernement et l'armée se détériorent davantage encore en 2007-2008. Dans le contexte des élections présidentielles de 2007, le haut commandement militaire, revendiquant le rôle de garant de la laïcité face au gouvernement islamo-conservateur de l'AKP, tente en effet, vainement, de s'opposer à la candidature de l'ancien Premier ministre Abdullah Gül, sous prétexte que son épouse porte le voile. Un mémorandum évoquant des atteintes graves à la laïcité fut publié le 27 avril 2007 sur le site Internet officiel de l'état-major, mais ne suffit finalement pas à empêcher l'élection d'Abdullah Gül. Cet événement a amplement démontré que la force de mobilisation des militaires semblait désormais grandement érodée.

Mais c'est plus précisément à partir de juin 2007 – c'est-à-dire depuis la mise à jour d'une opération antiterroriste qui fit apparaître l'existence d'un réseau clandestin nommé Ergenekon[26] – que l'institution militaire ne cessa d'être soumise à des offensives judiciaires et médiatiques successives qui réduisirent progressivement sa position au sein du système politique turc. Pour la première fois de leur histoire, les militaires perdent par exemple le droit de ne pas relever de juridictions civiles. Le spectaculaire procès Ergenekon peut schématiquement se ramener à deux dossiers distincts : le premier concerne l'existence du réseau elle-même, le second vise des personnalités, notamment militaires mais pas exclusivement, ayant prétendument élaboré des projets visant à renverser le gouvernement démocratiquement élu par la préparation de coups d'État.

Le plan Balyoz, révélé en janvier 2010 par le quotidien *Taraf*, prévoyait pour sa part non seulement l'organisation d'attentats à la bombe contre des mosquées afin de créer la panique au sein de la population, mais aussi un incident aérien entre la Turquie et la Grèce pour démontrer l'incompétence du gouvernement de l'AKP et justifier un coup d'État militaire.

Scénarii classiques d'une stratégie de tension, ces projets auraient été initiés dès 2003, quelques mois après que l'AKP a constitué un gouvernement. Nous savons depuis que ces procès ont été montés, souvent de toutes pièces, à l'instigation de magistrats membres de la communauté dirigée par Fethullah Gülen au mépris des règles les plus élémentaires d'un État de droit.

Ainsi, pour la première fois de l'histoire de la Turquie républicaine, des officiers supérieurs ont été arrêtés, condamnés et emprisonnés. Environ 10 % des généraux turcs se sont alors retrouvés derrière les barreaux. Outre les manœuvres des gülenistes, en la matière totalement soutenues par les dirigeants de l'AKP trop satisfaits d'y voir pour leur part un moyen de réduire l'influence et le pouvoir de l'institution militaire à l'égard de laquelle ils vouaient une méfiance quasi instinctive, ces arrestations indiquaient aussi très certainement des dissensions au sein de l'armée. L'état-major s'est dès lors trouvé dans une situation difficile, pris entre la nécessité de composer avec l'appareil judiciaire et le gouvernement et celle de ne pas mécontenter une grande partie des officiers exaspérés par la suspicion, les enquêtes et les procès. Le procès Balyoz se termine en septembre 2012 par la condamnation à la prison, parfois à vie, de 300 généraux et officiers. Ergenekon, pour sa part, se conclut en août 2013 par 17 condamnations à perpétuité, dont celle de l'ancien chef d'état-major Ilker Başbuğ[27].

On constata aussi que, à partir de 2010, le processus des nominations et des promotions aux fonctions militaires les plus élevées, qui jusqu'alors était l'apanage des militaires eux-mêmes par l'entremise du Haut Conseil militaire, est désormais étroitement contrôlé par le pouvoir civil en la personne du Premier ministre, en l'occurrence Recep Tayyip Erdoğan lui-même. Ce dernier s'assure ainsi un contrôle, nouveau sous la République, sur la sélection des membres de l'état-major et du haut commandement.

Le rapport entre l'institution militaire et le pouvoir civil connaît une nouvelle séquence après que les hostilités politiques sont déclenchées entre le gouvernement AKP et les gülenistes au cours de l'hiver 2013-2014. Recep Tayyip Erdoğan, sentant confusément le danger d'un possible isolement, n'hésite pas à revenir à de meilleures dispositions à l'égard de l'armée. Considérant que celle-ci n'a, à ce stade, plus aucune velléité d'intervention dans le champ politique et qu'elle est en outre considérablement affaiblie, il n'hésite pas à faire casser nombre des condamnations judiciaires prononcées à l'encontre des militaires. C'est tout d'abord en juin 2014 pour ce qui concerne les condamnés du procès Balyoz, puis en avril 2016 pour ceux du procès Ergenekon. Plusieurs centaines de prisonniers sont alors blanchis et libérés. Ces mesures s'accompagnent d'une offensive en règle contre la communauté de Fethullah Gülen, accusée d'avoir organisé un simulacre de justice.

Faisant d'une pierre deux coups, il tente par ce biais de décrisper ses relations avec l'institution militaire et il alimente les dossiers à l'encontre des partisans de F. Gülen. On peut ainsi constater, en dernière analyse, que l'AKP ne peut être considéré comme un parti antimilitariste et qu'une hiérarchie militaire rentrée dans le rang est perçue par le président Erdoğan comme un des instruments légitimes d'un gouvernement légitime. C'est donc une apparente normalisation qui s'instaure à ce moment.

Les conséquences de la tentative de coup d'État de juillet 2016 sur l'institution militaire

C'est dans ce contexte que se produisit la tentative de coup d'État du 15 juillet 2016. Bien que ce dernier ait accentué et accéléré la transformation des relations entre civils et militaires, l'affaiblissement de l'armée au bénéfice du gouvernement civil résulte aussi, comme nous venons de le constater, d'un long processus mis en place par l'AKP depuis son accession au pouvoir. Le putsch manqué de 2016 aura finalement permis de parachever une stratégie initiée depuis près de quinze ans, non sans raison en l'occurrence puisqu'il s'est agi d'une action de l'armée – ou tout du moins d'une faction dissidente en son sein – contre le gouvernement, et qu'à ce titre, ce dernier ne pouvait réagir que de la manière la plus ferme. Cela s'est traduit par des purges massives et par le lancement d'un processus de refonte de l'institution militaire qui, cumulés, ont et auront des conséquences majeures quant au devenir de cette dernière.

Quinze jours après la tentative du coup d'État se produisit la première vague d'épuration[28]. De nombreuses autres suivront. En raison de l'instauration de l'état d'urgence, ces mises à l'écart ont été réalisées par décrets-lois, procédure qui a permis au pouvoir exécutif d'agir vite et massivement sans avoir besoin de recourir à la justice comme il est de coutume pour procéder à des licenciements de fonctionnaires. Trois ans plus tard, il était admis que près de 17 000 membres de l'armée, tous grades confondus, avaient été mis à pied, que près de 7 500 avaient été ou restaient soumis à des procédures judiciaires et administratives, sans oublier plusieurs centaines d'officiers mis d'autorité en retraite anticipée[29]. Au total, on peut supposer que le nombre de mises à pied avoisine les 20 000.

Facteur aggravant, le licenciement ne consista pas qu'en un simple renvoi de l'armée. Il impliqua également la perte du grade et du statut de fonctionnaire, ainsi que l'interdiction de travailler dans le secteur privé. Concrètement, cela signifie que les familles des soldats licenciés perdent *de facto* ce qui leur permet de subvenir à leurs besoins. Cela se double, en outre, de la stigmatisation sociale induite par la désignation de « traître à la nation » pour le soldat sanctionné, qui rejaillit aussi sur son entourage.

Le processus initié par le pouvoir ne se limita pas aux seules purges. Le 30 juillet 2016 étaient publiées 91 pages de décrets-lois qui constituèrent une rupture radicale avec un héritage remontant à l'Empire ottoman. On ne peut ainsi sous-estimer le fait que la fermeture des écoles militaires, du Lycée militaire de Kuleli et de l'Académie militaire ait pu provoquer un traumatisme chez de nombreux soldats pour qui ces institutions constituaient un symbole d'appartenance identitaire. Concrètement, 16 575 élèves militaires ont été renvoyés à la vie civile, suscitant autant d'amertumes et de rancœurs potentielles. À la place, de nouvelles institutions ont émergé, telle l'université de la Défense nationale qui regroupe des instituts de formation nouvellement créés pour les officiers d'état-major, leur dispensant un enseignement de niveau licence, les écoles de guerre des trois armes, les écoles supérieures professionnelles de sous-officiers. La sélection des candidats se compose d'un examen écrit et est soumise à une enquête détaillée sur leur vie privée. Officiellement, le but est de constituer une armée plus moderne et professionnalisée, la réalité pousse à considérer que ces réformes ont avant tout pour fonction d'exercer un contrôle politique efficace sur la sélection et la formation des futurs officiers. Si l'incertitude demeure quant à leur efficacité contre l'implantation güleniste[30], il est toutefois indéniable qu'elles illustrent une claire rupture avec les modes de sélection antérieurs. En outre, cela signifie concrètement qu'il n'y aura pas de nouveaux officiers affectés durant quatre ans.

Une autre évolution notable est la réforme de la chaîne de commandement puisque, désormais, les chefs des trois armées sont rattachés au ministre de la Défense nationale au lieu de l'être à l'état-major. Ce dernier est quant à lui censé être rattaché au Premier ministre, donc en réalité directement au président de la République, depuis l'adoption de la révision constitutionnelle de 2017, puisque la fonction de Premier ministre a été supprimée par celle-ci. Si le chef d'état-major est supposé conserver ses fonctions et ses responsabilités, la réalité de ces dernières est devenue assez virtuelle. En effet, les commandants des forces armées doivent exécuter les ordres donnés par l'exécutif politique, même dans le cas où le chef de l'état-major ne les a pas validés. Cette domination du pouvoir civil sur le militaire induit un véritable risque de politisation du commandement des forces armées. Les structures d'encadrement de l'armée comportent également de plus en plus de civils ; ainsi, le ministre de la Justice et le ministre des Affaires étrangères siègent désormais au Haut Conseil militaire.

On peut également rappeler d'autres réformes, comme le rattachement de la gendarmerie et des garde-côtes auprès du ministère de l'Intérieur ainsi que la création d'une académie spécifique pour ces derniers. Enfin, les hôpitaux militaires dépendent désormais du ministère de la Santé, et les forces armées turques n'ont conservé que 700 médecins.

L'évolution du fait religieux au sein de l'institution militaire mérite également d'être soulignée. Sans nécessairement parler de l'armée comme du « foyer du prophète », comme le fait pourtant fréquemment le ministre de la Défense nationale, force est de constater que le rapport à la religion a considérablement évolué et qu'il existe désormais non seulement une plus grande tolérance à son égard, mais aussi une volonté de promouvoir les référents identitaires religieux et le développement de leurs pratiques. Médiatisation de la prière à La Mecque du ministre de la Défense nationale et ancien chef d'état-major, Hulusi Akar, en février 2017, prières avec les soldats, autorisation pour les soldates de porter le voile, pratiques religieuses lors de rituels militaires particuliers sont autant de modifications qui vont en ce sens[31].

Une telle réforme de l'institution militaire marque la fin d'une partie de l'héritage kémaliste, et n'a pas manqué de provoquer de vives critiques, sans véritables effets, provenant notamment du CHP ou d'anciens militaires à la retraite.

On peut donc considérer que les équilibres politiques et les rapports de forces entre composantes civile et militaire de l'appareil d'État se sont modifiés en profondeur : de pièce dominante, l'institution militaire est devenue un acteur dominé. La Turquie est de ce fait en train de sortir d'une situation de mainmise de l'armée sur la société, et l'on peut désormais estimer que l'institution militaire n'est plus réellement capable d'exercer une quelconque tutelle sur le régime civil, ce qui constitue une évolution radicale du système politique turc. Si la tentative de coup d'État de juillet 2016 a spectaculairement accéléré une série de restructurations des forces armées, la transformation des relations civilo-militaires est, quant à elle, l'aboutissement d'un long processus d'affaiblissement du rôle politique de l'armée par l'AKP depuis son arrivée au pouvoir en 2002.

Notes

1. C'est ainsi qu'est fréquemment qualifiée cette quatrième intrusion de l'armée turque dans le champ politique, le 28 février 1997, date à laquelle le Conseil de sécurité nationale enjoint le Premier ministre, Necmettin Erbakan, à se plier à un ensemble d'injonctions contraignantes contenues dans un mémorandum, entraînant sa démission quelques semaines plus tard (voir p. 17-18).
2. François Georgeon, « Les combats d'Atatürk », *L'Histoire,* juillet-août 2004, p. 75.
3. Ziya Gökalp, sociologue disciple de Durkheim, proposera dès 1916 la constitution d'un État laïque, fondé sur le couple formé par une nation et une culture turques et la civilisation scientifique et technique de l'Occident, l'islam devenant une affaire de conscience individuelle, une pratique personnelle sans prise sur la conduite de la société.
4. Salim Çevik, « Erdoğan's Comprehensive Religious – Policy Management of the Religious Realm in Turkey », *SWP Comment,* n° 12, Stiftung Wissenschaft und Politik, mars 2019, p. 2, www.swp-berlin.org/fileadmin/contents/products/comments/2019C12_cvk.pdf.
5. Élise Massicard, « L'islam en Turquie, pays "musulman et laïc" », *La Turquie aujourd'hui – Un pays européen ?*, sous la direction de Olivier Roy, Le tour du sujet-Universalis, 2004, p. 58.
6. On peut par exemple évoquer le cas emblématique de l'étudiante turque Leyla Şahin qui a saisi la Cour européenne des droits de l'homme arguant du fait qu'elle avait été contrainte d'abandonner ses études de médecine en 1998 en raison de l'interdiction de porter le voile au sein de l'Université. La Cour a toutefois par deux fois conclu, en juin 2004 et novembre 2005, à la non-violation par la Turquie de l'article 9 de la Convention européenne des droits de l'homme sur la liberté de pensée, de conscience et de religion.
7. Élise Massicard, « Le poids du local dans les configurations associatives des alévis en Europe », Anne Yvonne Guillou, Stéphane de Tapia, Pôleth M. Wadbled (dir.), *Migrations turques dans un monde globalisé : le poids du local,* Presses Universitaires de Rennes, 2017, p. 57-68.
8. Élise Massicard, *L'Autre Turquie,* PUF, coll. « Proche Orient », 2005, p. 9.
9. *The Constitution of the Republic of Turkey,* Prime Minister – Directorate General of Press and Information, 1982, p. 16.
10. *Turkish Daily News,* 25 février 2004.
11. Ce type d'évolution est au demeurant à mettre en relation avec des processus comparables se déroulant au-delà des frontières turques, voir notamment à ce propos Olivier Roy, « Moyen-Orient : faiblesses des États, enracinement des nations », *Critique internationale,* été 1999, vol. 4, n° 1, p. 102.
12. La *charia,* c'est-à-dire la Loi islamique composée de la totalité des ordonnances tirées du Coran et de la Sunna et toute autre loi déduite de ces deux sources par des méthodes jugées valables en jurisprudence islamique.

13. Sur l'ensemble de ces problématiques, voir Thierry Zarcone, *La Turquie moderne et l'islam*, Flammarion, 2004, p. 262 et suivantes.

14. C'est par exemple le cas de ceux rassemblés autour de la revue *Birikim*, notamment animée par Ahmet Insel et Murat Bilge, ou dans un autre registre les travaux de la sociologue Nilüfer Göle.

15. Par ailleurs, au sein du Conseil de l'Europe, les députés turcs de l'AKP siègent au sein du groupe PPE-DC (Parti populaire européen – Démocrates chrétiens) depuis mars 2003.

16. Cité par Laurence Monnot, *Têtes de Turques – Erdoğan et la condition féminine*, lemieux éditeur, 2017, p. 265.

17. Voir Discours du président Erdoğan devant l'Association femme et démocratie, KADEM, en juin 2016, www.thejournal.ie/turkish-president-woman-life-incomplete-children-2807620-Jun2016/

18. AFP, 30 mai 2016, *Zaman France*, 3 au 9 juin 2016.

19. *Le Monde*, 28 avril 2016.

20. C'est-à-dire une morale de l'honnête homme, une sorte de sagesse pratique, concept fréquemment utilisé par Thierry Zarcone, *op. cit.*, p. 257.

21. Données fournies par le général (2S) Patrice Moyeuvre, ancien adjoint à l'attaché de Défense (2002-2005) puis attaché de Défense (2010-2013) près l'ambassade de France en Turquie, chercheur associé à l'IRIS.

22. TRT, 12 juillet 2013, cité par *Actualités politique, économique et sociale en Turquie, Revue de presse / chambre de commerce française en Turquie*, 8-14 juillet 2013.

23. Sur ces problématiques, on peut consulter l'étude réalisée par l'IRIS pour le compte de la Délégation aux affaires stratégiques du ministère de la Défense, Didier Billion, Levent Ünsaldı, *Les Dynamiques de la société turque*, 2003, p. 100-124.

24. Pour mémoire : 27 mai 1960, 12 mars 1971, 12 septembre 1980 et enfin celui qualifié de « postmoderne » du 28 février 1997.

25. Pour l'essentiel, cette réforme modifie le rythme de réunion du Conseil de sécurité nationale – tous les deux mois au lieu du rythme mensuel – mais surtout laisse au Premier ministre la possibilité de choisir un civil comme secrétaire général de l'instance et modifie les responsabilités dudit Conseil. En outre, d'autres réformes octroient au Parlement le droit de surveiller les dépenses des institutions étatiques, y compris celles de l'armée, même si le contrôle des dépenses militaires est exercé en secret et que les résultats ne sont pas publiés.

26. *Ergenekon* est le nom d'une vallée mythique centrasiatique qui serait le lieu d'origine des tribus turques, et traditionnellement exaltée par l'extrême droite panturquiste. Dans le cas qui nous intéresse ici, Ergenekon est partie à ce que l'on appelle en Turquie l'« État profond », c'est-à-dire un réseau clandestin implanté dans les tréfonds de l'appareil d'État et qui tente de résister à la sortie de l'idéologie de sécurité nationale qui persistait depuis le coup d'État de septembre 1980. Ce réseau est notamment composé d'une partie de l'extrême droite nationaliste, de kémalistes orthodoxes, de quelques militants de l'extrême

gauche nationaliste, de membres des services secrets, de chefs mafieux mais aussi de militaires putschistes.

27. Jean Marcou, « Le verdict de l'affaire Ergenekon plus sévère encore que celui de l'affaire Balyoz », Observatoire de la vie politique turque, Institut français d'études anatoliennes, 6 août 2013, https://ovipot.hypotheses.org/9347

28. Les éléments concernant ces évolutions post-tentative de coup d'État nous ont notamment été fournis par Sümbül Kaya, chercheuse à l'Institut français d'études anatoliennes, lors d'un séminaire de recherche fermé intitulé « Turquie : quelle armée après la tentative de coup d'État ? », organisé par l'IRIS, le 22 février 2017, dans le cadre de son Observatoire de la Turquie et de son environnement géopolitique.

29. Sümbül Kaya, « Régime de sécurité et de lutte contre le terrorisme : les alliances à la carte de la Turquie », *Orients stratégiques*, 9, année 2019, p. 33.

30. Un entrisme güleniste difficilement quantifiable tant le mouvement Gülen est une nébuleuse floue. On peut d'ailleurs émettre l'hypothèse que les gülenistes n'étaient pas si représentés dans les hautes sphères de commandement, alors que le discours officiel semble indiquer l'inverse.

31. Voir Sümbül Kaya, *op. cit.*, p. 30-31.

Chapitre 4

La centralité du fait kurde

COMMENT SE POSE LA QUESTION KURDE EN TURQUIE ?

Le fait kurde, compris comme la revendication d'une partie des citoyens turcs – il est communément admis que les citoyens turcs d'origine kurde représentent environ 20 % de la population totale du pays – à faire valoir la reconnaissance d'une identité différente, est un défi politique récurrent qui affecte la société turque depuis des décennies et qui rend compte des limites des choix militaires et du « tout sécuritaire » effectuées par l'État turc. Le Parti des travailleurs du Kurdistan (PKK) est en effet aujourd'hui beaucoup plus puissant et influent qu'il ne l'était au moment de sa création ou lorsque, quelques années plus tard, il a initié la lutte armée contre Ankara, ce qui devrait, *a minima*, inciter les autorités politiques turques à s'interroger sur la stratégie qu'elles utilisent. De plus, aux dynamiques proprement intérieures se combine une dialectique complexe avec les plus récents développements dans plusieurs pays voisins de la Turquie, ce qui complexifie encore l'analyse.

Depuis plus de trente ans, il existe en Turquie deux branches principales de la mouvance politique revendiquant la défense des intérêts kurdes. En dépit des multiples liens les unissant, il est toutefois impossible de les placer sur le même plan dès que l'on s'essaie à en saisir les méthodes politiques, les dynamiques et les objectifs.

La première branche, incarnée par le PKK, fondé en 1978, est une organisation politico-militaire, qualifiée de terroriste, principalement par la Turquie, les États-Unis et l'Union européenne. Prônant la lutte armée, le PKK est en guerre avec le pouvoir central depuis août 1984. Le conflit aurait depuis lors fait plus de 45 000 victimes et 2 millions de déplacés, chiffres au demeurant difficiles à vérifier et répétés en boucle depuis des années.

La seconde branche est actuellement incarnée par le Parti démocratique des peuples (HDP), fondé en 2012, huitième avatar de la représentation politique kurdiste en Turquie, parti politique légal représenté au Parlement avec un groupe de 80 députés élus lors des élections législatives de juin 2015, 59 députés élus lors des élections législatives anticipées de novembre 2015, puis 67 lors des élections législatives de 2018.

Ce cadre étant posé, de nombreux autres citoyens turcs d'origine kurde siègent à l'Assemblée nationale turque mais sont affiliés à des partis différents[1]. Ainsi, Kemal Kiliçdaroğlu, actuel dirigeant du Parti républicain du peuple (CHP), est un Kurde alévi, originaire de Tunceli. Plusieurs responsables politiques kurdes ont également occupé par le passé des postes de première importance comme Hikmet Çetin (ministre des Affaires étrangères entre 1991 et 1994) ou Turgut Özal (Premier ministre de 1983 à 1989, puis président de la République de 1989 à 1993). Ces quelques exemples, loin d'être exhaustifs, indiquent d'une part, qu'il n'y a pas en Turquie de ségrégation juridique officiellement affirmée en raison de l'origine ethnique des citoyens – sauf très probablement au niveau de la haute hiérarchie militaire – et que, d'autre part, la volonté d'élargir les droits individuels et collectifs des Kurdes n'est pas le monopole des organisations kurdistes.

Pour mieux cerner la réalité kurde en Turquie, deux remarques s'imposent.

La première concerne l'influence du modèle jacobin, incarné par la France de la IIIe République, dans l'édification de la Turquie républicaine. La reproduction de ce modèle a rendu impossible la reconnaissance du concept de minorité ethnique et interdit donc l'octroi de droits différenciés à une partie de la population.

La seconde renvoie aux questions de la pratique démocratique en Turquie. Nous pouvons considérer que le pays a connu sa transition démocratique au lendemain de la Seconde

Guerre mondiale. Depuis lors, en dépit de la récurrence des coups d'État militaires et du raidissement autoritaire depuis le début des années 2010, le paysage politique turc s'est diversifié et les pratiques parlementaires se sont peu à peu ancrées. Cela a permis que le fait kurde se soit graduellement imposé dans le débat politique, même si imparfaitement et souvent de manière négative. Il a ainsi été la victime de la guerre initiée par le PKK en 1984, cette dernière induisant en réaction le primat de l'approche antiterroriste et l'illusion récurrente chez de nombreux responsables politiques turcs – ainsi qu'au sein d'une partie de l'opinion publique – qu'une solution militaire serait efficiente. On peut ainsi considérer que la question kurde a en quelque sorte été une victime collatérale de la guerre déclarée par le PKK, sans qu'elle puisse être réduite à cette seule organisation.

C'est pour ces raisons que la question des droits culturels et politiques des Kurdes reste en Turquie un problème central qui n'a jamais été résolu et qui a empêché l'achèvement de la construction démocratique du pays. Toutefois, c'est beaucoup plus le défi de la reconnaissance des droits d'une partie de la population qui se pose que celle d'un territoire qui ferait sécession : en d'autres termes, c'est, en Turquie, davantage la question kurde que celle du Kurdistan qui doit être résolue. C'est une grande différence avec la situation qui prévaut par exemple en Irak et qui s'explique par des modes de socialisation et de contestation politiques différents.

La décennie 2000, qui a vu l'AKP accéder aux responsabilités gouvernementales, avait laissé espérer la mise en œuvre de nouvelles méthodes pour aborder ladite question kurde, notamment du fait de son discours initialement libéral, ainsi que par son moindre attachement apparent aux principes kémalistes du nationalisme et de la centralisation de l'État. Deux décennies plus tard, force est de constater que la situation n'a guère évolué. Si l'on a pu constater certaines avancées en matière culturelle (possibilité d'enseignement de la langue kurde dans des cours privés, autorisation de diffusion radiophonique et télévisuelle en kurde, création en janvier 2009 de la chaîne nationale TRT-6 diffusant en kurmandji[2]), les réformes se sont en fait révélées cosmétiques, promues dans un but essentiellement électoral.

À dater de 2009, et de façon plus marquée après les élections législatives du 12 juin 2011, le gouvernement turc a durci sa position à l'égard des manifestations politiques des revendications kurdistes, notamment par l'usage disproportionné de la répression à l'encontre de l'Union des communautés du Kurdistan (KCK), considérée comme la structure urbaine du PKK. À l'automne 2013, on dénombrait ainsi environ 6 500 détenus dans les prisons turques, arrêtés et jugés pour appartenance à une organisation illégale, pour complicité avec une organisation terroriste ou pour avoir développé des formes de propagande séparatiste. Cette vague de répression s'explique certainement par l'accroissement des succès du Parti de la paix et de la démocratie (BDP) qui, en dépit du traitement réservé à ses élus, persistait à privilégier le combat politique sur la lutte armée[3].

2012-2015 : AVANCÉES RAISONNÉES, ÉCHEC RÉEL

Après l'enlisement de « l'ouverture démocratique » en 2009[4] et l'échec du processus d'Oslo en 2010-2011[5], Ankara a engagé, fin 2012, par le biais de l'Organisation du service secret (MIT), des pourparlers directs avec Abdullah Öcalan, le fondateur et leader du PKK, qui purge depuis 1999 une peine de prison à vie sur l'île d'Imralı, en mer de Marmara.

Les premiers mois du processus, dit de résolution, semblaient indiquer la volonté des deux principaux protagonistes de parvenir à un accord, et Abdullah Öcalan appelait à la cessation des combats le 21 mars 2013, jour du Newroz, le nouvel an kurde. La deuxième étape devait s'étendre sur une plus longue période et se concrétiser par le transfert du sol national turc vers le Nord de l'Irak d'une partie des combattants du PKK, processus initié le 8 mai 2013 mais suspendu quelques mois plus tard, le 9 septembre, en raison du piétinement des négociations. Très rapidement, des problèmes de fond vont en effet se poser, que l'asymétrie entre les acteurs du processus rendit impossible à dénouer. Les principaux points de blocage étaient constitués par l'issue des procès à l'encontre des inculpés pour complicité avec le PKK, l'enjeu de la réinsertion des combattants, celui du sort d'Abdullah Öcalan et enfin les perspectives politiques et institutionnelles.

Ces dernières, primordiales dans la résolution de la question kurde, ont constitué la principale lacune des pourparlers. Il est pourtant indispensable d'aborder avec les nationalistes kurdes toutes les options, viables et réalistes, qu'il est possible de négocier, notamment les formes de décentralisation politique et administrative. Il est également déterminant de lever toutes les limitations sur les libertés d'opinion et d'expression en Turquie, une partie de la réponse à ce défi kurde étant déjà de pouvoir en discuter librement. Ainsi, en dépit du manque de précision du mandat fourni aux négociateurs et du raidissement politique autoritaire constaté sur la scène politique turque, un blocage structurel semblait battu en brèche par la perspective d'une solution politique négociée.

Le 28 février 2015, une nouvelle phase de ce processus était actée par l'organisation d'une conférence de presse dans le palais stambouliote de Dolmabahçe, en présence du vice-Premier ministre turc, du ministre de l'Intérieur, du président du groupe parlementaire de l'AKP et de plusieurs députés du HDP. Un plan en dix points était proposé[6], le principe de négociations directes avec le PKK validé, le HDP voyant son rôle de médiateur entre le gouvernement, la direction militaire du PKK et Abdullah Öcalan conforté.

Malheureusement, les espoirs générés par ce processus ont fait long feu. Le 15 mars 2015, quelques mois avant les élections législatives du 7 juin suivant, le président Erdoğan, cherchant visiblement à s'assurer le soutien des nationalistes turcs, déclarait qu'il n'y avait « jamais eu dans ce pays un problème dénommé "problème kurde"[7] », déclaration qu'il a depuis lors répétée à maintes reprises au mépris du simple constat des faits.

À la fin du mois de juillet 2015, par une sorte d'enchaînement mécanique mortifère, l'ardu travail initié depuis des mois était réduit à néant en quelques jours. En effet, ce qu'il considère comme un résultat préoccupant pour l'AKP aux élections législatives du mois de juin entraîne Recep Tayyip Erdoğan à mettre en œuvre une stratégie de la tension en ordonnant la reprise des opérations militaires contre le PKK et en se présentant comme le seul à pouvoir efficacement lutter contre les menaces terroristes qui assaillent alors le pays. Cette stratégie, à visée principalement électoraliste, est payante : son parti, mordant sur la partie la plus nationaliste du corps électoral, récupère 5 millions de suffrages en moins de cinq mois lors des législatives anticipées du 1er novembre 2015.

Le résultat de ces élections, et l'accentuation de la polarisation politique qui prévaut depuis lors, sont porteurs de multiples déconvenues. Pour autant, R. T. Erdoğan, en dépit des arrière-pensées qu'il concevait probablement et des décisions prises ultérieurement, a objectivement contribué à lever un tabou en négociant avec le PKK et donc en le reconnaissant comme interlocuteur potentiel. En dépit de l'échec patent du processus, il est loisible de souligner plusieurs points qu'il conviendra de conserver en mémoire pour l'avenir.

Deux tendances contradictoires sont en effet à l'œuvre et s'inscrivent dans la durée.

Celles qui portent une dynamique positive, incarnées par les courants politiques qui possèd(ai)ent un véritable intérêt à faire aboutir un processus de négociations :

– une composante du PKK, car certains de ses cadres tirent un bilan d'échec complet de près de quarante années de lutte armée qui ne leur ont pas permis de faire aboutir leurs revendications,

- une partie des cercles liés à l'exercice du pouvoir, car le non-règlement de la question kurde constitue un obstacle à la stabilisation du pays et laisse prise à de nombreuses pressions extérieures, telles les tentatives d'instrumentalisation de la situation de violence par des États voisins.

A contrario, celles qui s'inscrivent dans une dynamique régressive incarnées par les forces opposées à un règlement politique du fait kurde :

- les forces nationalistes radicales qui, dans chaque camp, sont par essence opposées à toute forme de compromis,
- les responsables politiques qui peuvent, par opportunisme, jouer la carte de l'instrumentalisation électoraliste à courte vue, dont Recep Tayyip Erdoğan lui-même,
- ceux qui combattent dans « les montagnes » depuis de nombreuses années et sont saisis d'une angoisse existentielle devant la perspective d'un compromis et d'un retour à la paix.

Le HDP : sa nature, ses dynamiques, son agenda

Soumis à des mesures d'interdiction à répétition en Turquie, les partis de la mouvance kurdiste sont confrontés à des enjeux de nature différente. Ainsi, fondé en 2008, le Parti de la paix et de la démocratie (BDP) fut le septième avatar de cette sensibilité politique, les six précédents ayant été successivement dissous. Ses bastions électoraux se concentrant principalement dans certaines circonscriptions du Sud-Est anatolien, il présenta des candidats indépendants pour contourner la loi sur le barrage électoral des 10 %[8]. Cette tactique lui permit, en 2007 et 2011, d'obtenir l'élection d'un nombre suffisant de députés qui formèrent leur groupe parlementaire.

Comme ses prédécesseurs, le BDP fut accusé d'être la vitrine légale du PKK. C'est pourquoi ce courant politique décida de créer un nouveau cadre partisan avec la fondation, en octobre 2012, du Parti démocratique des peuples (HDP)[9]. Affirmant transcender son ancrage ethnique pour devenir un parti national turc, il fit le choix de se présenter en tant que tel aux élections législatives de 2015. Pari osé. En effet, s'il n'était pas parvenu à dépasser le barrage des 10 %, il perdait mécaniquement sa qualité de parti parlementaire. C'est pourquoi il chercha à élargir sa base électorale en insérant parmi les candidats présentés des membres de la gauche radicale turque, des militants des droits humains, différents représentants de minorités confessionnelles ou sexuelles. Promouvant, pour la première fois en Turquie, la parité entre les genres et se réclamant de l'esprit de Gezi[10], il réussit son pari en réalisant des résultats significatifs lors des élections législatives de juin 2015, de novembre 2015 puis celles de 2018 (voir annexe p. 188-189).

Pour autant, en dépit de ces avancées significatives, on ne doit pas céder aux théorisations superficielles, qui ont eu cours après ces élections, le présentant comme une formation politique d'un type nouveau. Ce parti, s'il a en effet partiellement su s'affranchir de son tropisme kurdiste, n'en reste pas moins fondamentalement dépendant de son ancrage initial et du soutien de grands clans et familles kurdes. Or ces derniers, profondément conservateurs, développent une conception de l'avenir de la société qui résiste, pour le moins, aux utopies libertaires des partisans de Gezi et constituent une part importante de la base sociale du HDP. La dualité de ses soutiens et de ses objectifs constitue pour ce dernier un défi central qui, à ce jour, n'est toujours pas tranché, et qui explique le mouvement de balancier politique récurrent du parti[11].

Le retour de l'AKP à une approche étroitement sécuritaire au cours de l'été 2015 a été interprété comme une réaction au renforcement des combattants kurdes organisés en Syrie par le Parti de l'union démocratique (PYD), franchise syrienne du PKK fondée en 2003, qui semblait contredire la volonté exprimée par ce dernier de renoncer graduellement à la lutte armée. Il peut aussi être analysé comme une réponse à la concurrence politique que commençait à représenter le HDP, en attirant des électeurs kurdes qui votaient auparavant pour l'AKP, notamment dans les régions orientales de l'Anatolie.

Pour tenter de saisir au plus près les dynamiques du dossier kurde en Turquie, une question essentielle se concentre sur le rapport entre le PKK et le HDP. Dans l'histoire des luttes de guérillas, divers partis politiques ont, par le passé, entretenu des liens avec des groupes armés — ainsi le Sinn Féin en Irlande ou Herri Batasuna au Pays basque espagnol — et ont été confrontés aux mêmes dilemmes : condamnés à être perçus comme les branches légales d'un mouvement armé tout en affirmant leur indépendance vis-à-vis de ce dernier, refusant de condamner l'action armée bien qu'acceptant de participer aux batailles électorales[12]. Ce sont aussi les positions qu'ont adoptées les partis prokurdes successifs en Turquie depuis 1990, cherchant à se disposer comme intermédiaires entre le mouvement armé kurde et les autorités gouvernementales. N'affirmant plus directement de revendications séparatistes[13], les partis kurdes ou kurdistes sont constamment en proie à de multiples discordances, d'autant que, fréquemment en butte à la répression, leurs choix tactiques sont sans cesse contraints.

Probablement nombreux sont les militants désorientés par cette tension permanente entre lutte armée et tentative d'insertion dans la lutte légale au sein des institutions turques. Si le HDP a clairement fait le choix de se construire comme parti turc, il ne peut néanmoins diluer la dimension kurde de son combat, au risque de se couper de sa base militante. Comme l'explique pertinemment Eva Bernard : « Ainsi, le potentiel de pacification porté par le HDP en tant qu'acteur politique prokurde tient de sa capacité à convaincre les acteurs armés qu'il peut porter leurs revendications dans la sphère politique et qu'il en élargit ainsi la portée. Pour ce faire, il doit être vu par les sympathisants du mouvement kurde comme un acteur radical, au sein du système politique turc. À l'inverse, la disjonction entre le HDP et les acteurs les plus radicaux du mouvement, prônée par les autorités, éloignerait la perspective d'une résolution politique de la question kurde[14]. »

Or, la reprise des affrontements armés en juillet 2015 a eu lieu dans un contexte de violentes pressions à l'encontre du HDP : agressions physiques et arrestations de ses militants, attaques contre des bureaux du parti, destitution de leurs fonctions de maires HDP élus, levée de l'immunité parlementaire, arrestation de députés et déchéance de leur mandat pour certains[15]. Ainsi Selahattin Demirtaş et Figen Yüksekdağ, coprésidents et parlementaires du HDP, furent arrêtés avec 11 autres députés en novembre 2016. Cela n'empêchera pas le premier d'être candidat à l'élection présidentielle de 2018. Il mena la campagne électorale du fond de sa cellule et recueillit 8,4 % des suffrages exprimés avant d'être condamné à quatre ans et huit mois de prison en septembre 2018 pour propagande d'organisation terroriste.

Pour comprendre l'ampleur et les enjeux de la répression, il faut prendre en compte le fait que le Parti d'action nationaliste (MHP), incarnant l'extrême droite nationaliste et allié de l'AKP, ne cesse de faire pression sur ce dernier et de répéter en boucle que les partis kurdistes représentent un « danger pour la survie de l'État », c'est-à-dire un danger pour la pérennité de la domination de l'identité turque au sein de la Turquie républicaine.

Non contentes de criminaliser les activités des militants du HDP, les autorités turques répriment aussi les voix de la société civile qui s'expriment en faveur du processus de paix. On peut par exemple mentionner l'ouverture d'une instruction à l'encontre d'une partie des 2 000 universitaires et intellectuels ayant lancé une pétition pour la paix intitulée « Nous ne serons pas associés à ce crime » au mois de janvier 2016. 700 d'entre eux ont alors été ou sont poursuivis en justice, cette pétition étant assimilée par les autorités judiciaires à un acte de propagande en faveur du PKK. Le 7 mai 2019, Füsun Üstel, enseignante retraitée de l'université de Galatasaray, entrait à la prison des femmes d'Eskişehir pour y purger sa peine de 11 mois de privation de liberté. C'était la première universitaire écrouée dans le cadre de ce dossier. Au printemps 2020, 191 d'entre eux ont été condamnés à des peines d'emprisonnement allant de quinze mois à trois ans de prison.

Non seulement attentatoires aux libertés démocratiques, ces mesures sont aussi contre-productives, car si certains nationalistes kurdes, bien que déçus des positions à leurs yeux insuffisamment tranchées du HDP, estimaient qu'ils n'avaient le choix que de le soutenir, ils peuvent désormais considérer que toute tentative de faire valoir leurs revendications dans le cadre des institutions est en réalité vaine. Facteur amplificateur, l'autonomisation de fait des « cantons kurdes » en Syrie a probablement également contribué à raviver le rêve chez certains de voir un jour naître un Kurdistan indépendant.

Pour faire face au raidissement du pouvoir, conserver le soutien de la tendance la plus radicalisée du mouvement et être considéré comme un représentant légitime des revendications kurdes, le HDP est sans cesse tenté de revenir à un discours spécifiquement centré sur la question kurde. En décembre 2015, lors d'une réunion du DTK[16], Selahattin Demirtaş, alors coprésident du HDP, a par exemple explicitement défendu un processus d'autonomisation locale, voire, un jour, la perspective de l'indépendance : « Dans ce nouveau siècle, le Kurdistan aura un statut. Il y aura peut-être des États fédéraux, peut-être des États indépendants[17] ».

Néanmoins, la décision du parti de ne pas présenter de candidats lors des élections municipales de mars 2019 dans la plupart des grandes villes de l'Ouest du pays, dans le but affirmé de tout faire pour battre les candidats de l'AKP et ses partenaires du MHP, c'est-à-dire l'alliance électorale soutenant le pouvoir, constitue une preuve de maturité politique et un signe manifeste de la volonté de s'inscrire dans le jeu politique national.

C'est donc la complexe combinaison de l'arrêt des opérations militaires dans les régions kurdes de Turquie, avec la reconnaissance de l'affirmation du HDP comme acteur politique à part entière du système turc, et enfin l'acceptation tacite des liens entre ce parti et les acteurs armés, qui constituent les conditions nécessaires à la construction d'un processus de paix stable et à la désescalade de la violence. La conjoncture politique ne s'y prête certes pas et l'on peut considérer que les succès électoraux du HDP en 2015 puis en 2018 ont contribué à déclencher une double réaction de l'AKP d'une part, du PKK de l'autre. Chacun de ces protagonistes a perçu le HDP comme un concurrent problématique et en a stoppé l'ascension en réduisant son espace politique : le pouvoir par la reprise des opérations militaires dès l'été 2015, l'aile la plus militariste du PKK en lançant un processus d'insurrections urbaines dans l'Est et le Sud-Est du pays au cours de l'automne de la même année, qui se termina par un échec sanglant. Le HDP a donc, *de facto*, été pris sous la double pression d'Ankara et de Qandil[18].

C'est dans ce contexte répressif que Devlet Bahçeli, président du MHP, a multiplié les déclarations exigeant l'interdiction du HDP. Cette campagne politique aboutit à la remise, le 18 mars 2021, d'un acte d'accusation de 609 pages à la Cour constitutionnelle par le procureur général de la Cour de cassation. C'est donc non seulement la perspective de l'interdiction du HDP qui est envisagée mais aussi celle de l'interdiction pure et simple de toute activité politique des cadres du parti pour une durée qui pourrait aller jusqu'à cinq années. La Cour constitutionnelle, considérant l'acte d'accusation incomplet, le renvoya néanmoins quelques jours plus tard au procureur général, au grand dam de Devlet Bahçeli qui n'hésita pas alors à évoquer à ce propos la nécessité de fermer la Cour constitutionnelle. On le voit, le fait kurde pose avec force la question de la pratique démocratique en Turquie (voir carte ci-après).

L'INFLUENCE DE LA SITUATION RÉGIONALE

Les évolutions régionales contrastées du fait kurde contribuent aussi, quant à elles, à diversifier la politique d'Ankara et à illustrer une forme d'opportunisme et d'adaptation permanente qui pousse à considérer que l'État turc est susceptible de pragmatisme sur ce délicat dossier en fonction de l'évolution des rapports de forces. Ce chapitre n'étant pas consacré à l'analyse des questions kurdes dans leur diversité, nous n'en évoquerons que quelques aspects, qui indiquent néanmoins qu'être kurde ne constitue pas une catégorie politique en tant que telle et que le mouvement national kurde est traversé par des lignes de fracture et de vifs antagonismes.

La région autonome du Kurdistan d'Irak : une coopération instrumentalisée

En Irak tout d'abord, on a pu constater une spectaculaire évolution des relations entre la Région autonome du Kurdistan d'Irak et la Turquie. Si cette dernière avait manifesté les plus vives craintes à l'égard des conséquences de la guerre menée par les États-Unis contre l'Irak en 2003, les fructueuses relations établies entre les deux parties, notamment sur les plans économique et sécuritaire, ont supprimé ces préventions. À partir de 2005-2006, la relation entre le Gouvernement régional du Kurdistan (GRK) et la Turquie a fortement évolué et Ankara est devenue le principal partenaire commercial de l'entité kurde, au sein de laquelle de nombreuses entreprises turques viennent investir.

Cette convergence se comprend aisément pour la partie kurde, qui cherche à gagner en indépendance économique afin de renforcer son autonomie politique à l'égard de Bagdad. Côté turc, de multiples raisons expliquent les choix opérés et semblent pousser Ankara à entretenir les meilleures relations possibles avec Erbil et Souleimaniye, quitte à risquer de s'aliéner Bagdad. La première d'entre elles est économique, la Turquie

Le fait kurde au niveau régional

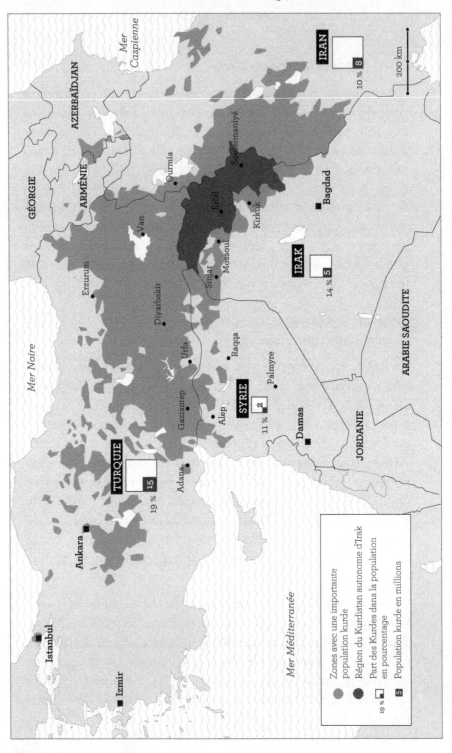

souffrant d'une carence en ressources pétrolières qui déséquilibre fortement sa balance commerciale, la densification de ses liens avec le GRK permet à Ankara de diversifier ses fournisseurs en hydrocarbures.

Mais là n'est pas l'essentiel. Le rapprochement entre le GRK et la Turquie s'explique principalement par la volonté turque de contrer l'influence du PKK. Ankara est de ce point de vue parvenue à convaincre les responsables kurdes d'Irak liés au clan Barzani, qui occupent l'essentiel des postes de pouvoir du GRK, de montrer plus de fermeté à l'égard du PKK. Ainsi, la spectaculaire rencontre entre Recep Tayyip Erdoğan et Massoud Barzani à Diyarbakir, le 16 novembre 2013, revêtait cette fonction. Lors d'un meeting tenu en commun dans la ville qui est considérée comme la « capitale » des zones de peuplement kurde en Turquie et qualifiée pour l'occasion de « ville de la fraternité », le Premier ministre turc n'hésita pas à prononcer le terme de « Kurdistan irakien », ce qui constitua une première dans la bouche d'un dirigeant turc. La recherche du soutien de la représentation politique des Kurdes d'Irak dans le processus de règlement politique, à l'époque négocié, de la question kurde en Turquie, était claire. La présence et la teneur du discours de Massoud Barzani valaient réponse positive. En outre, cette rencontre, quatre jours après la proclamation d'une administration intérimaire dans les zones kurdes de Syrie (voir *infra*), indiquait la commune préoccupation des dirigeants turcs et kurdes irakiens liés au Parti démocratique du Kurdistan d'Irak (PDKI) de Massoud Barzani quant aux évolutions en Syrie.

Cette convergence renvoie aussi aux projets politiques antinomiques portés par les différentes branches du mouvement nationaliste kurde. Le PDKI cherche à établir une sorte de république patrimoniale, qui emprunte à la fois aux monarchies du Golfe et à des formes rabougries de démocratie représentative d'une part, et à un système économique libéral s'arc-boutant sur un clientélisme autoritaire d'autre part, ce qui au total peut parfaitement convenir à Ankara. En Syrie, c'est un autre système qui cherche à se mettre en place : inspiré des théories du confédéralisme démocratique et du communalisme, il est fondé sur la participation politique directe et sur l'hégémonie du Parti de l'union démocratique (PYD), ce que les autorités politiques turques ne veulent pas accepter au vu des liens de ce dernier avec le PKK[19].

Bien que le gouvernement turc ne cesse de répéter qu'une de ses priorités reste l'unité de l'Irak, cette stratégie de rapprochement avec les Kurdes irakiens a pu néanmoins se révéler risquée au vu de l'importance maintenue du partenariat économique et commercial avec l'Irak d'une part, et à l'encouragement objectif apporté par cette politique aux velléités autonomistes kurdes en Turquie d'autre part. Cette entente est néanmoins ternie depuis l'été 2014 en raison du long délai, six semaines, que s'est accordé Ankara pour apporter son soutien aux Kurdes d'Irak alors menacés par l'État islamique (Daech) et surtout en raison de l'organisation du référendum d'indépendance par le GRK en septembre 2017. Ce dernier a cristallisé des tensions entre la Turquie et les autorités kurdes nord-irakiennes, prouvant une nouvelle fois que la ligne rouge à ne pas franchir pour l'État turc reste une quelconque prétention à l'indépendance. Si, depuis lors, les relations se sont régularisées, elles n'ont cependant pas retrouvé leur niveau antérieur, d'autant que corrélativement, celles avec le pouvoir de Bagdad se sont pour leur part normalisées.

La hantise du Rojava[20] et du PKK

En Syrie ensuite, puisque le chaos qui prévaut dans le pays contribue à approfondir la régionalisation du fait kurde de plus en plus perçu comme vital par Ankara. En effet, le PYD va s'imposer, brutalement parfois, sur tous les autres groupes kurdes syriens et même proclamer une administration autonome, le Rojava, en novembre 2013, depuis lors transformé en système administratif de la Fédération démocratique du Nord-Syrie (FDNS), le 17 mars 2016, rebaptisé le 1er janvier 2019 en Administration autonome pour le Nord et l'Est de la Syrie. La Turquie trouve ainsi à sa frontière une vaste zone contrôlée par le PYD, qu'elle qualifie d'« entité terroriste ». L'affaire se complique encore quand le PYD fait la preuve que ses branches armées, les YPG et YPJ – respectivement les Unités de défense du peuple et les Unités de défense féminine –, encadrées par le PKK, sont capables de s'opposer victorieusement à l'État islamique dans les combats au sol, ce qui leur vaut le soutien des puissances occidentales, États-Unis en tête, et de la Russie. La Turquie se trouve donc dans une contradiction majeure, puisque les partis qu'elle considère comme ses ennemis principaux sont dans le même temps soutenus par ses alliés et ses partenaires.

Considérant que ces paramètres politiques et militaires représentent un danger jugé existentiel par Ankara, et de façon à prévenir le renforcement d'un « corridor terroriste », l'armée turque a mené et mène une succession d'opérations militaires dans le Nord de la Syrie[21]. L'objectif pour la Turquie est de mettre en place et de contrôler une bande de sécurité démilitarisée de plusieurs kilomètres de profondeur sur une longueur maximale tout au long de la frontière turco-syrienne et, conséquemment, de repousser les groupes kurdes combattants des YPG et YPJ le plus au sud possible. L'opération Source de Paix du mois d'octobre 2019 a probablement été la plus illustrative et la plus foudroyante initiative visant à la concrétisation de ce projet. Profitant de l'annonce du désengagement des États-Unis et donc de la réduction de leur soutien au PYD, l'armée turque a contraint les forces kurdes à reculer rapidement vers le sud pour éviter d'être laminées.

En réalité, c'est la dialectique interne/externe de la question kurde prévalant désormais qui pose un défi crucial aux autorités d'Ankara, puisque l'affirmation régionale du fait kurde peut encourager en écho la mobilisation des nationalistes kurdes de Turquie. Recep Tayyip Erdoğan a parfaitement saisi l'enjeu et ne craint d'ailleurs pas d'instrumentaliser ce dossier pour renforcer son contrôle sur les leviers du pouvoir. Ainsi, depuis juillet 2015, le traitement du défi kurde s'est considérablement dégradé en Turquie. Néanmoins, une hypothétique solution militaire est totalement illusoire, et c'est une solution politique qui doit pouvoir s'imposer.

La question se pose d'autant plus fortement que si les affrontements armés sont loin d'avoir disparu, ils ont néanmoins baissé en nombre – 965 en 2017, 677 en 2018 selon le ministre de l'Intérieur Suleyman Soylu – et en intensité. Cela s'explique en partie par la baisse du nombre de combattants armés du PKK sur le sol turc. Ainsi, la même source affirmait en février 2019 que ces combattants avaient vu leur nombre décroître de près de 70 % pour avoisiner désormais un nombre situé entre 750 et 900[22]. Même si ces chiffres doivent être considérés avec quelques précautions, ils ne sont probablement pas dénués de fondement et s'expliquent par la décision de la direction du PKK d'affecter nombre de ses combattants en Syrie.

Pistes de sortie de crise

En dépit des préoccupantes turbulences qui affectent la région, la perspective de la création d'un État kurde paraît hautement improbable et le maintien de la délimitation territoriale des frontières actuelles semble l'hypothèse la plus plausible.

La Région autonome du Kurdistan d'Irak n'est pas réellement en position de développer plus amplement son autonomie, surtout après l'erreur totale d'appréciation politique commise avec l'organisation du référendum d'autodétermination de 2017 ; c'est probablement la pratique fédérale qui continuera à prédominer. D'autant que, sur le plan régional, la Turquie et l'Iran feront tout ce qui est en leur pouvoir pour empêcher la constitution d'un Kurdistan indépendant à leurs frontières. Ces paramètres incitent donc à la prudence et à l'établissement d'un scénario dit de continuité.

La partition de la République arabe syrienne ou la réplique d'un scénario à l'irakienne appliqué aux régions kurdes de Syrie ne semble pas pouvoir se répéter, notamment en raison de l'absence de continuité territoriale des zones de peuplement kurde, et de l'extrême vigilance d'Ankara et de Téhéran sur les évolutions en cours dans les zones contrôlées par le PYD. Le projet du PYD reste un projet kurde qui s'inscrit dans la stratégie de lutte du PKK contre la Turquie. Pour autant, il ne s'agit pas d'utiliser le Rojava comme une base militaire contre la Turquie, mais plutôt de créer un modèle de région kurde autonome, différent de celui du Gouvernement régional du Kurdistan d'Irak, qui encouragerait les Kurdes de Turquie à la mobilisation, visant à acquérir, *a minima*, une forme d'autonomie locale. Aussi, le Rojava est considéré comme le seul moyen de désenclaver les territoires kurdes en offrant un débouché potentiel vers la Méditerranée. Cela peut paraître irréaliste, mais fait partie des utopies mobilisatrices du PKK.

Depuis le début des années 1990, on peut constater que les dirigeants nationalistes des différentes composantes kurdes intègrent désormais la nécessité de s'emparer du champ politique, la lutte armée n'étant plus l'unique moyen promu pour faire valoir leurs revendications. Si la perspective de la création d'un État kurde unifié n'est guère envisageable, c'est donc la question des droits démocratiques culturels et politiques qui est prioritairement posée pour les Kurdes, quel que soit leur lieu de résidence.

Considérant que les États-nations restent, dans le moment présent de la mondialisation libérale, le principal cadre d'organisation des sociétés humaines et d'exercice des droits démocratiques, il est néanmoins envisageable, voire souhaitable, d'y intégrer des éléments d'autonomie nationale et culturelle attachée non au territoire mais à l'individu. Dans cette logique, la pluri-appartenance (être Kurde et Irakien, Kurde et Turc, etc.) constitue une piste de réflexion à encourager et à approfondir. Le cas kurde peut amener à reconsidérer le territoire comme une composante, et seulement une composante, dans l'articulation de l'identité et de la citoyenneté politiques qui ne doivent pas, par ailleurs, se réduire au seul critère ethnique. Aussi, c'est par une double prise de distance à l'égard du territoire et de l'ethnie, notamment dans l'organisation de la vie sociale[23], que pourrait s'opérer une véritable émancipation politique des Kurdes.

En Turquie, la conjoncture politique rend difficile une telle évolution dans le court terme. Cinq scénarios sont alors envisageables.

Le cours politique répressif, réactivé en 2015 par Recep Tayyip Erdoğan, se poursuit à la fois contre le PKK et le HDP, confirmant l'incapacité de l'État turc et des autorités politiques à tirer un bilan motivé de la politique menée depuis près de quatre décennies. La résolution de la question kurde, qui s'affirme comme le défi politique numéro un à résoudre par la Turquie, ne peut alors que se dégrader et favoriser une radicalisation accrue, se traduisant par l'intensification des affrontements armés et des attentats en accroissant la déjà très préoccupante polarisation de la société.

Ce premier scénario s'articule hypothétiquement à la mise en œuvre d'un plan de développement économique massif et volontariste à l'Est et au Sud-Est du pays. Cette option, déjà maintes fois évoquée au cours des années passées sans être jamais véritablement concrétisée, relève d'une erreur d'approche méthodologique. Elle réduit en effet la question identitaire à celle d'un sous/mal-développement économique, ce qui est manifestement parcellaire et donc inopérant. S'il est évidemment souhaitable, un développement économique significatif de la partie orientale du pays n'assèchera pas pour autant mécaniquement les aspirations à faire valoir leur appartenance identitaire, exprimées par de nombreux citoyens turcs d'origine kurde.

L'État initie des mesures cosmétiques visant à satisfaire des revendications portées par la mouvance kurdiste, dans l'espoir de désamorcer, au moins partiellement, les raisons d'un mécontentement profond. Pour le gouvernement, ce type de mesures possède l'avantage, en tentant d'élargir sa base sociale et électorale, d'escompter desserrer la pression qu'exerce sur lui son partenaire, l'ultranationaliste MHP, et de parer aux lignes de faille, encore très ténues, qui semblent s'esquisser dans la mouvance de l'AKP. Pour autant, la polarisation initiée, entretenue, instrumentalisée par Recep Tayyip Erdoğan depuis une décennie rend ce scénario peu crédible dans le court terme.

Les dernières semaines de la « deuxième campagne municipale d'Istanbul » ont fait surgir un nouvel élément. En effet, pour contrer l'appel de Selahattin Demirtaş à voter pour battre les candidats du pouvoir et comprenant qu'il risquait de perdre une partie de son électorat d'origine kurde, Recep Tayyip Erdoğan n'a pas hésité à instrumentaliser Abdullah Öcalan, en prison depuis vingt ans mais toujours charismatique au sein du PKK. Il a tout d'abord autorisé ses avocats à lui rendre visite le 2 mai 2019, ce qui leur était interdit depuis plusieurs années. Ensuite, le 20 juin, c'est-à-dire trois jours avant le scrutin, Abdullah Öcalan a fait rendre public par ces derniers un message enjoignant les électeurs kurdes à « rester neutres » dans le combat entre le pouvoir et l'opposition, et donc à désavouer la tactique du HDP. La manœuvre n'a finalement pas véritablement fonctionné, mais il n'est pas exclu que le pouvoir tente à nouveau, à l'avenir, de jouer tactiquement la carte d'Abdullah Öcalan contre le HDP. Aux yeux de Recep Tayyip Erdoğan, ce parti semble en effet, par son légalisme et ses positions politiques, constituer un danger potentiellement plus important que le combat armé du PKK.

Dernier scénario envisageable, une modification radicale de paradigme s'affirme et permet d'envisager l'option la plus prometteuse, mettant fin à la répression engagée contre le HDP, parti légal et parlementaire, et la reprise des négociations avec le PKK, partie et solution au problème. Il présuppose la rupture avec les impasses idéologiques corrélatives au « syndrome de Sèvres[24] » ainsi qu'avec une conception figée de la réalité des États-nations. Cette évolution constituerait évidemment une preuve de maturité politique à laquelle serait parvenue la République de Turquie presque un siècle après sa fondation.

Parmi ces cinq scénarios, le dernier incarnerait la voie de la raison politique ; malheureusement, il reste le plus improbable. Pourtant, en ce début de XXIe siècle, les choix politiques de Mustafa Kemal opérés dans les premières années de la République se doivent d'être dépassés. Pour ce faire, une relecture du concept de citoyenneté, des rapports de la société civile à l'État, du droit au pluralisme culturel, est nécessaire. La conjoncture politique ne s'y prête hélas guère.

Notes

1. Certains observateurs allant même jusqu'à prétendre, non sans un certain cynisme, que le groupe le plus important représenté au Parlement est finalement celui des députés d'origine kurde.
2. Le kurmandji est la langue principalement utilisée dans la partie occidentale des zones de peuplement kurde. Deux autres langues vernaculaires existent, le sorani et le zazaki.
3. Elif Karaman, « Après son succès aux législatives, le BDP à la croisée des chemins », Observatoire de la vie politique turque, Institut français d'études anatoliennes, 10 août 2011, http://ovipot.hypotheses.org/6448.
4. Ensemble de réformes présentées par le gouvernement visant à octroyer des droits culturels aux Kurdes.
5. Contacts secrets établis en Norvège entre des représentants du PKK et les services de renseignement turcs.
6. Ces dix points sont les suivants : définir une politique démocratique ; définir les dimensions nationale et locale d'une solution démocratique ; fixer les garanties d'une citoyenneté libre ; fixer les relations entre l'État et la société ; prévoir les dimensions socio-économiques du processus de paix ; fixer le cadre des négociations afin de garantir, durant leur déroulement, l'ordre public et les libertés ; mettre en œuvre des politiques en faveur des femmes, de la culture et de l'écologie ; développer une démocratie pluraliste pour préciser le concept d'identité ; définir une république démocratique comme une patrie commune dotée de garanties constitutionnelles ; élaborer une nouvelle constitution pour servir de cadre à tous ces changements démocratiques. Jean Marcou, « Vers une résolution durable du problème kurde en Turquie », Observatoire de la vie politique turque, Institut français d'études anatoliennes, 11 juin 2015, http://ovipot.hypotheses.org/10958
7. *Zaman France*, 20-26 mars 2015.
8. Le système électoral turc comporte une disposition notoirement antidémocratique puisqu'il impose à tout parti se présentant aux élections législatives d'atteindre au moins 10 % des suffrages exprimés au niveau national pour accéder à la représentation parlementaire. Se présenter comme candidat indépendant permet de contourner cette disposition.
9. Voir à ce propos Aurélien Denizeau, *Le HDP, un nouveau venu en quête d'ancrage*, Note franco-turque n° 16, IFRI, janvier 2016.
10. Voir p. 25.
11. Aurélien Denizeau, *op. cit.*, p. 28.
12. Eva Bernard, « Le mouvement kurde entre le maquis et les urnes », Observatoire de la vie politique turque, Institut français d'études anatoliennes, 29 avril 2016, http://ovipot.hypotheses.org/14227
13. Notamment depuis le milieu des années 2000 avec la promotion des concepts de « démocratie radicale », de « confédéralisme démocratique », d'« autonomie démocratique » et de « municipalisme libertaire » développés par

Abdullah Öcalan à la suite des échanges épistolaires entretenus avec le théoricien libertaire états-unien Murray Bookchin, par l'intermédiaire de ses avocats. Voir Abdullah Öcalan, *La Révolution communaliste − Écrits de prison*, Paris, Libertalia, 2020 ; Olivier Grojean, *La Révolution kurde − Le PKK et la fabrique d'une utopie*, Paris, La Découverte, 2017, p. 74-83.

14. Eva Bernard, *op. cit.*

15. Ainsi, en mai 2016, les différentes mesures concernent 53 des 59 députés du HDP. Accusés de collaboration avec le PKK et refusant de se rendre aux convocations de la justice, 9 d'entre eux sont arrêtés et emprisonnés le 4 novembre 2016. Au total, pour la législature 2015-2018, 23 députés HDP auront été arrêtés ou contraints à l'exil.

16. Congrès pour une société démocratique, regroupant une grande partie des organisations de la société civile kurde.

17. *Zaman France*, 1-7 janvier 2016.

18. Du nom des massifs montagneux du Nord de l'Irak, où se trouve basée une partie de la direction militaire du PKK.

19. Voir à ce propos le compte rendu du 15e séminaire de l'Observatoire de la Turquie et de son environnement géopolitique de l'IRIS organisé autour de Hamit Bozarslan, 19 mai 2016, « Quelles configurations politiques de la question kurde ? Acteurs, enjeux et perspectives », www.iris-france.org/wp-content/uploads/2016/06/Observatoire-Turquie-CR-15e-séminaire.pdf. Sur ces notions, voir aussi Boris James, Jordi Tejel Gorgas, *Les Kurdes. Un peuple sans État en 100 questions*, Paris, Tallandier, 2018, p. 272-274.

20. Le Rojava, Kurdistan occidental, est la dénomination utilisée par les nationalistes kurdes pour désigner les zones qu'ils ont conquises en Syrie en profitant du chaos induit par la guerre civile.

21. Opération Bouclier de l'Euphrate (24 août 2016) ; opération dans la région d'Idlib visant à la mise en place de 12 postes d'observation turcs (13 octobre 2017) ; opération Branche d'Olivier dans la région d'Afrin (20 janvier 2018) ; opération de déploiement de patrouilles dans le secteur de Manbij (18 juin 2018) ; opération Source de Paix (9 octobre 2019) ; opération Bouclier de Printemps (27 février 2020).

22. Metin Gurcan, « Is the PKK lying low as elections approach in Turkey ? », *Al-Monitor*, 26 mars 2019.

23. Jean-François Pérouse, « Le Kurdistan : quel territoire pour quelle population ? », *in* Joël Bonnemaison, Luc Cambrezy et Laurence Quinty-Bourgeois (dir.), *La Nation et le Territoire. Le territoire, lien ou frontière ?*, tome II, Paris, L'Harmattan, 1999, pp. 26-28.

24. Voir chapitre suivant.

Chapitre 5

Une politique extérieure ambitieuse et contrariée

Remarques méthodologiques

Comme le rappelle Jean-François Bayart : « La survie de l'État comme acteur à part entière du système international a longtemps été la préoccupation fondamentale des dirigeants turcs. La République est née en quelque sorte aux forceps, à la suite de la défaite de l'Empire ottoman, et elle ne s'est imposée à la communauté internationale qu'au prix d'une douloureuse guerre d'indépendance. Ce traumatisme initial, à peu près systématiquement sous-évalué par les observateurs occidentaux, n'a nullement été gommé de la conscience politique des Turcs et joue encore un rôle essentiel dans la détermination de la politique extérieure de leur pays[1]. » Cette donnée apparaît fondamentale pour saisir la politique extérieure de la Turquie, souvent mal interprétée. C'est pourquoi il est de bonne méthode de prendre le recul nécessaire pour ne pas céder à la pression des séquences qui s'enchaînent rapidement dans une région en pleines turbulences.

On a fréquemment pu lire ou entendre au cours des dernières années que les autorités turques développaient une politique régionale néo-ottomane, ce qui, d'un point de vue méthodologique, est pour le moins sujet à caution. Comment en effet comparer un Empire avec une république qui, à ce jour, n'a pas de velléités avérées de conquêtes ? De même, les interrogations exprimées sur le thème « Sommes-nous en train de perdre la Turquie[2] ? » ne sont guère convaincantes. Outre que le « nous » est d'une grande condescendance, car désignant un Occident qui se serait accaparé la Turquie, la formule ne rend aucunement compte des évolutions réelles de sa politique extérieure.

Ces affirmations, ou interrogations, brièvement rappelées ici pour mémoire, souvent vite formulées dans la fièvre de l'écume événementielle des faits, sont l'expression d'une difficulté à mettre en perspective les véritables évolutions de la politique extérieure de la Turquie depuis plusieurs décennies. Pourtant, l'exercice se révèle nécessaire si l'on veut en évaluer correctement les dynamiques et s'interroger sur l'ampleur des inflexions récentes.

Pour saisir les évolutions de la diplomatie turque, il ne faut tout d'abord jamais sous-estimer ce qui constitue encore l'une des constantes de son élaboration, souvent résumée dans la formule du « syndrome de Sèvres », du nom du traité signé le 10 août 1920 qui démantèle ce qui reste alors de l'Empire ottoman sous pression des vainqueurs du premier conflit mondial. Sous l'expression se cache donc l'ensemble des angoisses existentielles de la Turquie qui permet de comprendre pourquoi l'un des ressorts structurants de sa politique extérieure demeure un nationalisme ombrageux. Sur le plan régional, un autre paramètre de la politique déployée par Ankara reste, comme nous l'avons vu précédemment, la question kurde et l'obsession de tout faire pour empêcher une quelconque forme de cristallisation d'un État dont les nationalistes kurdes, dans leur diversité, voudraient se doter.

Rien ne serait plus faux que de considérer la politique extérieure de la Turquie comme totalement alignée sur les puissances occidentales, et singulièrement les États-Unis. Ce fut certes le cas à partir des débuts de la Guerre froide, l'adhésion à l'OTAN en constitua le symbole le plus éclatant. Néanmoins, dès 1964, on constate une réorientation de la politique extérieure d'Ankara vers une diversification puis une autonomisation, et sa détermination à défendre avant tout ce qu'elle considère comme ses intérêts nationaux. Cette volonté d'émancipation est, par exemple, illustrée lors des crises qui ponctuent la vie politique de l'île de Chypre, en 1964 tout d'abord mais surtout dix ans plus tard, en 1974.

Ainsi, tout en restant fondamentalement membre de l'OTAN et en entretenant un partenariat stratégique jamais démenti avec les États-Unis, ces relations s'inscrivent désormais dans un rapport critique et la volonté de modifier les modalités de la relation avec ses alliés. C'est ce rapport dialectique qu'il s'agit de saisir, au risque sinon de ne pas parvenir à décrypter les fondements de la politique extérieure turque.

La Turquie est l'un des pays qui se sont indéniablement affirmés dans la région au cours des dernières années. Dans la longue quête d'identité qui caractérise l'élaboration de sa politique extérieure, différentes étapes se sont succédé sans pour autant jamais remettre en cause la détermination d'Ankara à toujours préserver son indépendance et sa souveraineté nationales et à utiliser la rente stratégique procurée par sa situation géopolitique. Les récentes évolutions observées ne semblent pas remettre en cause ces fondamentaux.

Brève mise en perspective historique[3]

Alignement sur les puissances occidentales

Les revendications politico-territoriales soviétiques formulées en 1945-1946 – retour à l'URSS des *vilayets* orientaux de Kars et d'Artvin ; octroi de bases stratégiques dans les détroits ; révision de la convention de Montreux – ont eu pour conséquences fondamentales d'entraîner l'abandon de la politique de neutralité inaugurée par Mustafa Kemal dans les années 1920 et de pousser les responsables turcs à rechercher une alliance active avec les puissances occidentales, singulièrement avec les États-Unis. À partir de 1946-1947 et jusqu'en 1964, Ankara a systématiquement et allègrement endossé les choix du département d'État, ce qui lui a valu d'être alors radicalement isolée de son environnement régional. À aucun autre moment de son histoire, la Turquie ne connaît ainsi une aussi forte politique d'identification avec le bloc occidental dans les domaines économiques, sociaux, politiques ou culturels qu'au lendemain de la Seconde Guerre mondiale. Au début des années 1950, le Premier ministre Adnan Menderes se plaît ainsi à répéter que la Turquie est la « petite Amérique ».

Il faut en outre noter que les dirigeants turcs ont pertinemment compris qu'avec la création de l'OTAN se concrétise, sous sa forme la plus sophistiquée, la synthèse économico-militaire de la défense du système capitaliste, et qu'il importe donc de composer avec elle. C'est pourquoi, peu après la création de l'OTAN, le 4 avril 1949, la Turquie exprime son intention d'y adhérer. Durant plusieurs années, sous de multiples prétextes, des gouvernements européens refusent d'accéder à cette demande. En fait, c'est surtout la volonté britannique de réaliser sous sa seule autorité une alliance réunissant l'Égypte, l'Iran et la Turquie qui constitue l'obstacle majeur. C'est finalement la participation de la Turquie à la guerre de Corée qui permet de surmonter ces réticences. Le bataillon de 5 000 militaires turcs envoyé sur place se distingue par sa conduite, qualifiée d'héroïque par de nombreux commentateurs, ce qui contribuera grandement à renforcer la confiance entre Washington et Ankara et ouvrira les portes de l'OTAN à la Turquie, le 18 février 1952.

Leur nouveau rôle de partenaire de l'Occident – d'autant que la Turquie est membre de l'Organisation européenne de coopération économique (OECE) depuis avril 1948 et du Conseil de l'Europe depuis août 1949 –, la relation privilégiée avec les États-Unis, la défense des intérêts occidentaux à travers le monde, apparaissent aux yeux des Turcs comme autant de preuves qu'ils sont enfin acceptés et qu'ils deviennent membres à part entière de cette civilisation vers laquelle ils se tournent depuis des décennies.

C'est dans ce contexte que la Turquie se trouve entraînée dans la signature d'une série de pactes régionaux et l'approbation de plusieurs initiatives qui ont toutes pour but de sauvegarder et/ou de renforcer la mainmise du bloc occidental dans la région : pacte balkanique en février 1953 avec la Grèce et la Yougoslavie

– alors en conflit avec l'URSS – ; participation à la conférence de Bandung du 18 au 24 avril 1955 au cours de laquelle la délégation turque se distingue par une bataille acharnée contre la politique de non-alignement, contribuant à l'approfondissement de la césure entre les non-alignés et les pro-occidentaux et entraînant pour la Turquie isolement et humiliation au sein de l'ONU[4] ; alignement sur les positions états-uniennes plutôt que sur celles de la Grande-Bretagne et de la France au cours de la crise de Suez en 1956 ; participation à la création du pacte de Bagdad le 24 février 1955 – avec l'Irak, puis l'Iran, le Pakistan et enfin la Grande-Bretagne –, qui devient l'Organisation du traité central (CENTO) en 1959 au moment du retrait de l'Irak et du transfert du siège à Ankara ; approbation en 1957 de la doctrine Eisenhower, qui est *de facto* une reformulation pour le Moyen-Orient de la doctrine Truman ; utilisation enfin de bases turques pour la préparation du débarquement de *marines* au Liban en 1958.

Avec un total manque de discernement, attitude classique des nouveaux convertis, la Turquie apparaît et devient ainsi par bien des aspects plus « occidentaliste » que les Occidentaux. Les choix de la diplomatie turque sont pourtant alors déterminés par une erreur d'appréciation radicale : aux yeux d'Ankara, l'alliance avec les puissances occidentales est centrale, alors que pour ces dernières, les rapports avec la Turquie sont relativement secondaires. Washington, Londres, Bonn ou Paris ont la plupart du temps considéré Ankara comme un simple instrument au service de leurs intérêts, dont l'utilité varie selon les besoins du moment.

Tentatives de diversification et d'autonomisation

Depuis 1964, les dirigeants turcs sont sortis de l'équation politique que nous venons de décliner. Ils cherchent en effet depuis lors les meilleurs moyens de maximiser leurs ressources nationales. Rien n'est bien sûr linéaire dans ce processus. Sans jamais remettre en cause son appartenance au bloc occidental et ses principales institutions, nous y insistons, la Turquie commence à se doter d'une approche multidirectionnelle des relations extérieures. Pragmatique et prudent dans une première phase – 1964-1973 –, le processus va s'amplifier et s'accélérer dans une seconde séquence – 1973-1980. Certains auteurs ont cru discerner dans ces évolutions une sorte de chantage politique à l'encontre des puissances occidentales, n'ayant d'autre fonction que de susciter leur inquiétude pour qu'elles consentent à augmenter leur aide et leur soutien. Sans doute les responsables turcs ne sont-ils pas des naïfs et savent jouer des contradictions entre leurs partenaires, mais cette vision de l'évolution de la politique extérieure turque est profondément réductrice. Elle passe notamment sous silence le diffus sentiment de méfiance, voire d'hostilité, qui se développe en Turquie à l'égard de l'Occident à partir de 1964, et surtout en 1974 quand, à la suite de l'intervention militaire à Chypre pour faire face au coup d'État fomenté sur l'île par la junte des colonels au pouvoir à Athènes contre Mgr Makarios, Ankara se trouve en butte à la réprobation d'une partie de ladite communauté internationale. Le dossier chypriote, toujours non réglé à ce jour, sera un des talons d'Achille de la diplomatie turque dans les années qui suivront et constituera un sujet de contentieux récurrent avec l'Union européenne.

Ce sentiment d'incompréhension fortement ressenti à Ankara est une dimension de l'analyse insuffisamment prise en compte, qui paraît pourtant essentielle pour saisir les dynamiques de la politique extérieure turque au cours de cette période : diversification puis autonomisation.

Sous l'impulsion de Bülent Ecevit, le principal dirigeant politique turc des années 1970, une idée qui était longtemps restée plus théorique et idéologique que pratique s'enracine officiellement au centre de la réflexion politique nationale. En effet, la critique du type de rapports que le pays entretient avec l'Alliance atlantique aux niveaux politique, économique et militaire, émane alors de l'appareil d'État lui-même. Toutefois, les responsables turcs n'ont jamais voulu en revenir à une politique neutraliste, laquelle aurait probablement abouti à une « finlandisation » du pays en raison de la disproportion entre sa puissance et celle de l'URSS. Les modifications des axes de la politique extérieure n'en sont pas moins significatives et révèlent cette quête d'affirmation de la Turquie dans le concert des nations.

Le relatif climat de détente de l'époque permet une nouvelle approche des problématiques de sécurité par les puissances moyennes, qui recherchent confusément une alternative à la confrontation militaire. La difficulté, pour les stratèges, diplomates et responsables politiques turcs, consiste alors à conceptualiser la façon dont leur pays, en tant que puissance secondaire, peut appréhender une nouvelle problématique des questions de sécurité au moment où la perception de la menace soviétique et la crédibilité de la protection assurée par les États-Unis sont toutes deux en train de s'affaiblir.

La situation en Turquie est évidemment radicalement différente de celle qui prévalait vingt-cinq années plus tôt, lorsque les liens politico-militaires avec le bloc occidental furent établis. Non seulement les besoins et les objectifs se sont diversifiés mais, paradoxalement, la crise d'identité que traverse la société turque lui redonne une certaine confiance dans ses capacités à promouvoir une politique extérieure indépendante – malgré la préoccupante dégradation de la situation intérieure –, qui lui permet d'envisager une réappropriation de ses racines moyen-orientales contrastant avec son orientation exclusivement pro-occidentale de l'après-Seconde Guerre mondiale. Toutefois, si la proximité du Moyen-Orient peut présenter un réel intérêt pour l'économie turque, il n'en demeure pas moins que cette région, certes réputée pour ses richesses pétrolières, mais aussi pour son instabilité et l'omniprésence des superpuissances, peut jouer un rôle néfaste quant à la stabilité politique du pays. La guerre du Kippour en 1973, les accords de Camp David en septembre 1978, le coup d'État prosoviétique en Afghanistan d'avril 1978, la révolution iranienne et le retour de Khomeyni à Téhéran en février 1979, sont autant de défis qui rappellent à la Turquie la nécessité de ne pas s'insérer trop avant dans les processus politiques régionaux, tout en cherchant à y développer ses intérêts économiques.

La recherche d'une forme d'équilibre

Le cours des relations internationales du début des années 1980 et le cadre de la vie politique turque induit par l'intervention militaire du 12 septembre 1980 vont se conjuguer, incitant le pays à tenter de se doter d'une nouvelle approche dans son rapport à l'extérieur. C'est pourquoi un certain rééquilibrage se cristallise tout au long de la décennie : retour à une alliance privilégiée avec les États-Unis, claire réaffirmation de la volonté de s'intégrer plus complètement à l'Europe occidentale, remarquable réorientation vers le Moyen-Orient, confirmation d'un intérêt réel pour de nombreux États du bloc soviétique.

Mais cette permanente recherche d'une politique extérieure équilibrée entraîne en Turquie une difficile réflexion sur son identité. Comme le note Jean-Philippe von Gastrow : « Et si l'enjeu était là ? Dans le réseau complexe de ses relations internationales, la Turquie se trouve prise dans un jeu de miroirs qui lui renvoie constamment la question de son identité[5]. » Si le tournant vers le Moyen-Orient est favorisé par la géopolitique et les intérêts économiques, la Turquie semble en même temps reprendre goût au rôle qui fut le sien durant des siècles. Ainsi, c'est le Premier ministre, Turgut Özal, pieux musulman et principal artisan du tournant vers le Moyen-Orient, qui dépose la demande d'adhésion à la Communauté économique européenne en 1987. Derrière la quête d'intérêts économiques immédiats, c'est un choix raisonné, le choix d'une image de soi ou d'un modèle qui est en jeu. Pour surmonter les contradictions, éluder les difficultés, ou éviter de trancher, Turgut Özal reprend et développe l'idée du « pont », rôle auquel la Turquie peut prétendre en raison de la multiplicité des influences culturelles dont elle jouit. Mais les rebuffades européennes et les craintes de la Turquie d'être impliquée dans les turbulences et les conflits moyen-orientaux ne lui facilitent guère la tâche, et le début de la décennie 1990 apparaît anxiogène aux yeux de la diplomatie ankariote.

L'ENTHOUSIASME DES ANNÉES 1990

Les efforts déployés depuis des années dans le domaine de la politique extérieure pour tenter de s'affirmer dans le champ international semblent alors en effet se réduire à néant. La chute du mur de Berlin – le jour même où Turgut Özal prend ses fonctions de président de la République – risque en effet, par contrecoup, de faire perdre à la Turquie le remarquable atout stratégique que lui confère son emplacement géographique. L'histoire a en effet souvent prouvé à la Turquie que sa position est en réalité assurée dans les périodes de tensions entre la Russie, ou l'URSS, et les puissances occidentales. Le refus de la Communauté économique européenne d'admettre la Turquie en son sein, notifié le 17 décembre 1989, aggrave encore l'inquiétude des dirigeants turcs, d'autant qu'il fait écho à un refroidissement manifeste des relations avec les États-Unis[6]. Au niveau régional, on peut enfin constater une relative détérioration des relations avec l'Irak et la Syrie, notamment à propos du dossier de l'Euphrate[7] et du refus de Bagdad de renouveler l'autorisation du droit de « poursuite à chaud » des rebelles kurdes de Turquie sur le territoire irakien (accord signé en 1984 qui venait à expiration en 1989).

Ainsi, les responsables turcs se voient réduits à un isolement préoccupant en même temps qu'ils ressentent une vive amertume. Ils se sentent profondément lésés, et certains d'entre eux ne sont pas loin de considérer que, malgré ses initiatives multiples, la Turquie est condamnée à se retrancher dans une splendide solitude et que le repli sur le pré carré anatolien est en réalité la seule véritable branche de l'alternative qui s'ouvre à elle. « Solution » bien évidemment illusoire, mais qui n'en marque pas moins la réelle désorientation de la diplomatie turque en ces années. Alors qu'elle est jugée trop peu occidentalisée par les uns et toujours suspectée d'être un agent de l'Occident par les autres, force est d'admettre qu'aucune des voies suivies par la Turquie depuis 1945 ne semble lui porter réellement profit et ne lui permet de s'affirmer comme une véritable puissance régionale.

C'est dans ce contexte qu'éclate le second conflit du Golfe, avec l'entrée des troupes irakiennes au Koweït le 2 août 1990. Turgut Özal est le premier à comprendre le profit qu'il peut tirer de la nouvelle situation créée et engage résolument son pays dans la coalition initiée par les États-Unis pour tenter de peser sur les dossiers régionaux. Le but est clair : se faire enfin reconnaître pleinement comme un grand pays, indispensable stabilisateur régional. Le 12 août, la Grande Assemblée nationale autorise le gouvernement à déclarer la guerre et à déployer les troupes. Pour ce faire, Turgut Özal doit forcer la main à la classe politique mais aussi à une bonne partie de l'état-major, toutes deux attachées à la tradition kémaliste de non-intervention au-delà des frontières nationales[8]. Quant à l'opinion publique, il la sait, elle aussi, majoritairement hostile à un engagement sous hégémonie américaine. Malgré ces fortes oppositions internes, il s'engage sans hésitation dans le conflit, sans toutefois y participer directement en Irak même.

Bien que ce choix comporte des risques, intérieurs et extérieurs, le président turc veut à toute force prouver que son pays reste indispensable à la sécurité, non plus de « l'Ouest » mais du « Nord », et à la stabilité internationale dans le contexte de l'après-chute du mur de Berlin, en démontrant qu'il peut remplir sa fonction de poste avancé de la défense des intérêts occidentaux. Il faut réussir, en d'autres termes, à imposer comme une évidence le rôle de pivot stratégique de son pays face à un Moyen-Orient semblant voué à l'instabilité. Turgut Özal cherche à consacrer l'appartenance pleine et entière de la Turquie au bloc occidental et, abandonnant le non-interventionnisme traditionnel, il prône désormais une « politique extérieure active » qui lui permettra, pense-t-il, de gagner une place à la table de négociations des futurs vainqueurs. C'est surtout en paroles que la Turquie obtient la reconnaissance attendue. En effet, bien qu'elle apparaisse, dans la conjoncture de l'après-guerre du Golfe, comme un protagoniste de premier plan au Moyen-Orient, elle a en réalité quelque difficulté à s'y insérer et y peser réellement.

Le second élément déterminant de la réorientation de la politique extérieure turque réside dans l'implosion de l'URSS et dans les modifications radicales qui l'accompagnent. C'est l'apparition en Asie centrale de cinq républiques musulmanes, partiellement ou majoritairement turcophones, qui sont autant de *terrae incognitae*. Le Caucase voisin, entre mers Noire et Caspienne, plonge pour sa part dans une série de conflits impliquant les trois républiques d'Arménie, d'Azerbaïdjan et de Géorgie, leurs enclaves respectives et leurs minorités. La situation dans les Balkans ne paraît guère meilleure. Là aussi, le reflux des régimes plus ou moins inféodés à Moscou va susciter la réémergence de nationalismes longtemps étouffés et laisser réapparaître les nombreuses traces démographiques, religieuses, culturelles qui sont autant d'empreintes de l'Empire ottoman. La Turquie, dont une partie significative des élites et de la population est d'origine balkanique, va attacher une importance nouvelle à cette région, d'autant que la dislocation de la Yougoslavie entraîne une redistribution des cartes dans cette zone géographique perturbée.

Ainsi se présente le tableau géopolitique consacrant la Turquie au début des années 1990 : une puissance régionale relativement sûre, fiable et puissante, en pleine émergence au cœur d'une zone de crises. Asie centrale, Iran, Croissant fertile, Caucase, mer Noire ouvrant vers les Balkans instables, auxquelles s'ajoutent des tensions plus traditionnelles en mer Égée. Pour le président turc, l'heure du triomphe semble sonner et les nouveaux rapports de forces ouvrent, pense-t-il, d'immenses perspectives à son pays. Il s'attend même à être courtisé par ceux – les Européens notamment – qui ne lui ont pas ménagé les rebuffades au cours des années précédentes. Cet enthousiasme est très largement partagé par une vaste majorité de Turcs.

Nous pouvons donc saisir comment une certaine euphorie succède aux angoisses des années 1988-1989 et en quoi les effets de la crise du Golfe, amplifiés par la chute du système soviétique, entraînent un nouveau souffle pour la diplomatie turque, basé sur la quête de l'indépendance nationale. Objectifs ambitieux, sans cesse contrariés, mais dont de nombreux responsables turcs semblent considérer qu'ils sont désormais réalisables. Néanmoins, au vu de l'évolution des rapports de forces internationaux, la tendance ne semble en réalité pas aller dans le sens des intérêts de la Turquie : le nouvel ordre mondial, tant vanté et médiatisé après le dénouement de la guerre du Golfe et dans lequel Ankara devait jouer un rôle de premier plan a, c'est le moins que l'on puisse dire, quelques difficultés à se concrétiser.

Les années 2000 : vers une nouvelle politique extérieure ?

Le début des années 2000 est marqué par l'accession du Parti de la justice et du développement (AKP) au pouvoir et par les fortes inquiétudes qui germent alors, parmi les partenaires de la Turquie, sur un hypothétique changement des paradigmes de la politique extérieure de cette dernière, corrélativement aux racines de ce parti issu de l'islam politique. Indépendamment de la nature de l'AKP, de nombreux paramètres se conjuguent en réalité pour induire de véritables inflexions dans l'élaboration et la mise en œuvre de la politique extérieure d'Ankara.

Tout d'abord, le fait qu'au cours des vingt années précédant l'accession de l'AKP aux responsabilités gouvernementales, la Turquie a connu de considérables évolutions politiques, économiques, sociales, sociétales et culturelles. Dans ce processus de transformations il apparaîtrait pour le moins paradoxal que sa politique extérieure ne se modifie pas elle-même.

Ensuite, deuxième paramètre, la configuration du monde s'est elle-même profondément transformée et la Turquie est un des États qui prennent toute leur place dans la nouvelle architecture de ladite communauté internationale, au sein de laquelle les puissances occidentales n'ont plus le monopole des décisions.

Troisième facteur, la Turquie est désormais consciente de son potentiel, ce qui constitue une modification significative pour un État qui, pendant longtemps, a hésité à s'affirmer sur la scène internationale et régionale et préféré se concentrer sur son propre développement en vertu d'une prudence quasi érigée en principe. Cette évolution de sa propre perception explique la multiplication de ses initiatives. À ce propos, on remarque que ce sont celles en direction du Moyen-Orient qui sont le plus fréquemment évoquées pour saisir le cours de sa politique extérieure. C'est évidemment essentiel, mais fort restrictif, car les Balkans, la Russie, le Caucase, l'Asie centrale, le rôle de *hub* énergétique, l'Afrique subsaharienne, plus lointainement l'Amérique du Sud et l'Asie sont aussi l'objet d'un intérêt croissant de la part d'Ankara.

Nouveauté aussi parce que le concept forgé par Ahmet Davutoğlu, conseiller diplomatique de R. T. Erdoğan puis ministre des Affaires étrangères à partir de 2009, de « zéro problème avec ses voisins[9] », même s'il n'a pu en réalité s'appliquer mais a toujours été présenté comme un objectif à atteindre dans un environnement complexe et non comme une réalité déjà acquise, constitue un radical changement de perception de son environnement, si l'on compare à l'adage « le Turc n'a pas d'autre ami que le Turc » qui a longtemps été l'un des principes structurants de la politique extérieure turque. Qui ne comprend le changement de paradigme fondamental que cela exprime et la volonté turque de s'insérer plus harmonieusement dans son environnement géopolitique régional et, plus largement, international ?

Au titre des paramètres expliquant les novations de la politique étrangère turque, il y a aussi bien sûr l'AKP, acteur et produit des profondes transformations mentionnées précédemment. Parti décomplexé, pragmatique, voire opportuniste, capable d'une grande réactivité et d'une non moins grande plasticité. Parti qui exprime aussi les intérêts de nouvelles catégories sociales[10] s'affirmant en Turquie et cherchant à influencer les inflexions de la politique extérieure du pays en fonction de leurs intérêts économiques, en l'occurrence concurrents de ceux de la grande bourgeoisie turque mondialisée. La multiplication des initiatives en direction de pays émergents ou en voie de développement s'explique aussi par ce facteur, parce que le marché économique de ces derniers correspond au type de produits à faible valeur ajoutée fabriqués par les entrepreneurs qui soutiennent l'AKP.

Enfin, parce que l'institution militaire qui, pendant des années, a fortement participé à l'élaboration de la politique extérieure, tentant même d'en faire un de ses prés carrés, n'est plus désormais en situation de le faire, pour des raisons déjà explicitées.

Ces quelques pistes indiquent la multiplicité des raisons qui expliquent les inflexions constatées, ces évolutions ne marquant pas pour autant une rupture avec les fondamentaux de la politique extérieure de la Turquie. Ce pays, qui possède une forte tradition d'État et de la pratique diplomatique, s'inscrit en effet dans la longue Histoire. En réalité, comme expliqué précédemment, c'est dès les années 1960 qu'une réelle réorientation de la politique extérieure s'est manifestée par la diversification multidimensionnelle de ses axes, puis par son autonomisation à l'égard de ses alliés occidentaux afin de mieux maximiser ses ressources nationales.

Si l'on ne craint pas de sauter allègrement quelques décennies, on retrouve les mêmes problématiques lorsque, en mars 2003, la Turquie refuse, après de vifs débats parlementaires, de satisfaire à la demande de George W. Bush de déployer 62 000 soldats sur le sol turc pour attaquer l'Irak par le Nord. Ayant accepté d'être partie aux projets de reconfiguration de la politique étatsunienne au Moyen-Orient élaborée par le président Clinton au cours des années précédentes – ce qui explique notamment son rapprochement avec Israël en 1996 –, la Turquie ne pouvait, *a contrario*, pas suivre la politique unilatéraliste fomentée par les néoconservateurs de l'administration Bush. Outre le risque d'un isolement régional du pays qu'aurait constitué l'autorisation du déploiement états-unien, l'AKP, au gouvernement à Ankara depuis seulement le mois de novembre 2002, ne pouvait s'opposer frontalement à son électorat. Or, tous les sondages effectués à l'époque indiquaient que l'opinion publique se positionnait très majoritairement contre la guerre et était traversée par une forte défiance à l'égard de la politique extérieure des États-Unis.

Dès lors, au grand dam de Washington, on assiste à une réarticulation de la politique régionale de la Turquie qui se manifeste dans un premier temps par un spectaculaire réchauffement des relations avec le voisin syrien, si longtemps honni. La signature de deux accords de coopération militaire en juin 2002, seulement quatre ans après une crise majeure qui avait failli déboucher, en septembre 1998, sur un affrontement armé entre les deux pays ; la venue à Damas du ministre des Affaires étrangères Abdullah Gül à la fin du mois d'avril 2003 ; enfin et surtout la visite de Bachar Al-Assad du 6 au 8 janvier 2004, premier chef d'État syrien à se rendre en Turquie sont autant d'indicateurs de ce rapprochement. Lors de ces visites, la véritable surprise n'est pas tant venue des déclarations syriennes que du jeu diplomatique de la Turquie qui, malgré le courroux affirmé des dirigeants états-uniens[11], réserva à ses invités un accueil particulièrement cordial. En février 2005, les commentaires de l'ambassadeur états-unien à Ankara, Eric Edelman, suscitèrent à leur tour de vives réactions en Turquie. Ce dernier, n'hésitant pas à s'ingérer dans les affaires intérieures turques, avait en effet publiquement indiqué sa désapprobation quant à une éventuelle visite du président turc, Ahmet Necdet Sezer, à Damas. Le tollé déclenché lui a valu son poste et n'a pas empêché la visite présidentielle, à un moment où la Syrie était ostracisée par une partie de ladite communauté internationale.

Ankara et Damas avaient tout à gagner d'une amélioration de leurs relations. La Turquie y voyait l'occasion de redorer son image au sein des mondes arabes. La Syrie, compte tenu de la pression constante qu'exerçait l'administration Bush à son encontre, y discernait un avantage stratégique, un rapprochement avec Ankara contribuant à conjurer le funeste destin que lui prédisaient les dirigeants de Washington.

La fluidification des relations entre les deux pays explique l'acceptation par les dirigeants syriens que la Turquie endosse le rôle de facilitateur avec l'État hébreu au cours de quatre sessions de pourparlers à partir de 2008. Ce difficile exercice, dont on sait qu'il a finalement échoué, notamment à cause de l'opération Plomb durci lancé contre Gaza fin décembre 2008, n'a été possible durant plusieurs mois que parce que la Turquie jouissait de la confiance des deux parties ennemies et illustrait assez bien la diplomatie de médiation alors très prisée au sein du ministère des Affaires étrangères turc.

Au niveau strictement bilatéral, la signature d'un accord de libre-échange entré en vigueur en 2007, la suppression des visas entre les deux pays, l'organisation de conseils des ministres communs, la création d'un Conseil de coopération stratégique au mois de septembre 2009, indiquent l'ampleur de la réconciliation entre les deux États. On assista même à la réactivation de réseaux économiques anciens dans la zone frontalière, dont on peut supposer qu'ils auraient pu prendre de la consistance dans les années suivantes en favorisant l'émergence régionale de villes comme Alep ou Gaziantep si la guerre civile n'était advenue.

En réalité, ce spectaculaire rapprochement avec la Syrie est le signal de l'incontestable percée de la Turquie au niveau régional. Ainsi, après avoir conçu les plus vives inquiétudes sur la dégradation de la situation politico-sécuritaire en Irak post-Saddam Hussein, un sensible rapprochement fut aussi opéré entre Ankara et son voisin mésopotamien. Les rencontres politiques se multiplièrent en 2008 et 2009, non seulement avec le gouvernement de Bagdad mais aussi entre des émissaires turcs de haut rang et Massoud Barzani, « président » de l'entité kurde du Nord de l'Irak. Ils marquent ainsi la fin de la règle qui n'autorisait des contacts, du moins officiels, qu'entre Ankara et les autorités centrales irakiennes. Au mois de novembre 2008, un comité conjoint réunissant la Turquie, l'Irak et les États-Unis est créé pour contrecarrer les activités du PKK, notamment à partir des bases dont il continue de bénéficier dans les monts Qandil, au Nord de l'Irak. Les relations entre les autorités turques, irakiennes et kurdes d'Irak se normalisent alors rapidement, comme l'indique la visite officielle de Massoud Barzani à Ankara au mois de juin 2010. La succession de missions réciproques de responsables politiques et économiques entre les deux pays constitua un clair indicateur du processus à l'œuvre ; celle d'Abdullah Gül, en mars 2009, ne fut pas la moindre d'entre elles, puisqu'elle était la première visite à Bagdad d'un président de la République de Turquie depuis trente-trois ans.

Au total, en dépit des différends persistants sur le dossier de la gestion des ressources aquifères, c'est donc une notoire normalisation des relations avec un pays frontalier qui constituait un point de tension régionale depuis 2003. C'est en ce sens qu'il faut comprendre la phrase du ministre des Affaires étrangères, Ahmet Davutoğlu, qui, lors d'un voyage officiel dans le Nord de l'Irak au mois d'octobre 2009, déclara que le temps était venu pour « les Arabes, les Kurdes et les Turcs de rebâtir ensemble le Moyen-Orient ».

La multiplication des initiatives politiques allait de pair avec un déploiement économique sans précédent. Ainsi la libre circulation des biens et des personnes devint un objectif tangible pour la Turquie et ses voisins arabes. C'est ce qu'acta le cinquième forum de coopération turco-arabe, réuni à Istanbul au mois de juin 2010, en créant une zone de libre-échange entre la Turquie, la Syrie, le Liban et la Jordanie. La mesure prise par les 23 pays présents devait s'étendre à d'autres membres et correspondait à la promotion d'intérêts économiques communs bien compris. Au cours de ce forum, le Premier ministre Erdoğan, tout en considérant que « les Arabes sont l'œil droit et la main droite des Turcs », s'insurgea contre la campagne « mal intentionnée » présentant la Turquie comme se détournant de l'Occident : « La France, l'Allemagne, les États-Unis, investissent bien dans les pays arabes. Mais quand il s'agit des investissements ou des initiatives de paix de la Turquie, il y a une sale propagande menée contre nous[12]. » Quelques mois plus tard, en novembre 2010, en visite officielle au Liban, il proposa la création d'un espace Shamgen – jeu de mots construit à partir de *Sham*, traduction de Damas en arabe dialectal local ou en turc – au Moyen-Orient qui serait, selon ses dires, plus ouvert que l'espace Schengen[13].

Cette nouvelle capacité d'affirmation politique s'illustre aussi dans des régions plus éloignées, comme en Afghanistan. Ainsi, la Turquie participe à l'ISAF[14] dès sa création et en a même assumé le commandement à deux reprises, en 2002 puis 2005. Forte de 1 750 soldats présents en Afghanistan, elle n'a toutefois jamais accepté d'être directement partie aux opérations de combat contre les insurgés[15]. La Turquie ne cessa de prôner une solution politique et la déclina à deux niveaux. Tout d'abord, par une démarche inclusive visant à intégrer tout ou partie des groupes talibans dans un processus de pourparlers, puis de négociations. Ensuite, en tentant de contribuer à la stabilisation du Pakistan, considérant notamment que le bombardement du territoire de ce dernier ne pouvait qu'affaiblir le gouvernement et l'administration d'Islamabad. Pour ce faire, la Turquie fut à l'initiative de quatre rencontres entre dirigeants afghans et pakistanais (avril 2007, décembre 2008, avril 2009 et février 2010) à Ankara et Istanbul. Les trois dernières réunirent les chefs d'État, Asif Ali Zardari, Hamid Karzaï et Abdullah Gül, et tentèrent de s'inscrire dans une logique de règlement global et régional. Ces initiatives permettaient au Premier ministre turc, lors de sa visite officielle aux États-Unis au début du mois de décembre 2009, de faire entendre sa différence et d'indiquer son refus d'envoyer des soldats turcs supplémentaires en Afghanistan, comme l'avait pourtant demandé le président Obama à ses alliés lors de son discours de West Point le 1er décembre précédent, ne consentant qu'à un renforcement de ses missions civilo-militaires.

Dans ce bref, et non exhaustif, tour d'horizon de la politique extérieure de la Turquie à la fin de la décennie 2000, il faut mentionner les tentatives de la Turquie de jouer un rôle de médiateur entre l'Iran, les États-Unis et ladite communauté internationale.

Si Ankara soutint jusqu'au mois de juin 2010 les sanctions votées par le Conseil de sécurité de l'ONU à l'encontre de Téhéran, elle sembla ensuite vouloir modifier son approche. État frontalier de l'Iran, possédant avec lui d'importants contrats économiques, la Turquie craignait par-dessus tout des dérapages militaires et visait à un rapprochement entre Téhéran et Washington. Les déclarations répétées de Recep Tayyip Erdoğan concernant l'Iran indiquaient que la Turquie n'était pas seulement prête à jouer un rôle d'intermédiaire mais désirait aussi approfondir un véritable partenariat avec son voisin oriental. Se félicitant de rencontrer son « ami » Mahmoud Ahmedinejad en octobre 2009, il n'hésita pas à affirmer publiquement que l'Iran était injustement traité par ladite communauté internationale et, qu'en outre, ceux qui critiquaient le plus vivement Téhéran étaient ceux qui possédaient eux-mêmes l'arme nucléaire, politique de « deux poids deux mesures » réfutée et dénoncée par Ankara. Les contacts réguliers avec les dirigeants iraniens et l'importance accordée par l'administration Obama, à ce moment, à la Turquie fournirent objectivement un rôle potentiel important à cette dernière pour tenter de contribuer à la résolution de la crise.

Ces évolutions permettent de saisir les raisons qui ont présidé à deux décisions notoires. Tout d'abord, la cosignature turque, avec le Brésil et l'Iran, d'une déclaration conjointe, le 17 mai 2010. S'inscrivant dans la perspective de la relance d'un processus diplomatique et négocié de la crise nucléaire iranienne, le document propose de recueillir tout ou partie de l'uranium iranien faiblement enrichi sur le sol turc. Le lendemain même, l'encre de la déclaration conjointe à peine sèche, les États-Unis parvenaient à convaincre les membres permanents du Conseil de sécurité de mettre à l'étude un nouveau projet de sanctions, voté dès le 9 juin suivant. La Turquie, alors membre non permanent du Conseil de sécurité, votait, aux côtés du Brésil, contre ce quatrième train de sanctions à l'encontre de Téhéran. Ainsi la diplomatie turque affirmait sa cohérence, même si ce vote allait lui attirer une bordée de critiques acerbes.

Washington en premier marqua son désappointement, et Robert Gates déclara sa déception à l'issue d'une réunion avec 27 de ses collègues de l'OTAN, le 11 juin. Le secrétaire d'État à la Défense expliquait toutefois en substance que si la politique de la Turquie penchait désormais vers l'Est, c'est « [...] parce qu'elle y a été poussée par certains en Europe qui refusent de donner à la Turquie le genre de lien organique avec l'Occident qu'elle recherche[16] ». Cette déclaration fit l'objet d'une vive réponse de Catherine Ashton, Haute représentante de l'Union européenne pour les affaires étrangères et la politique de sécurité, niant alors toute responsabilité de l'UE dans les évolutions de la politique extérieure de la Turquie. Plus précisément, le commissaire européen à l'Élargissement, Stefan Füle, expliqua que l'intérêt croissant porté par la Turquie à ses voisins de l'Est n'était pas en contradiction avec ses efforts pour adhérer à l'UE[17]. On comprend assez aisément l'enjeu de la vigueur de tels échanges : la crainte de voir s'éloigner la Turquie des intérêts occidentaux était réelle, et personne, des deux côtés de l'Atlantique, ne voulait en porter la responsabilité pour ne pas injurier l'avenir. C'est pourquoi Anders Fogh Rasmussen, secrétaire général de l'OTAN, expliquait, dans un entretien accordé à un quotidien turc, qu'il ne constatait pas de refroidissement entre la Turquie et les puissances occidentales mais faisait appel dans le même temps aux « leaders européens pour qu'ils améliorent leurs relations avec la Turquie, notamment pour ce qui est de l'Agence européenne de défense[18] ».

Ce nouveau cours de sa politique extérieure a permis à Ankara d'acquérir dans les opinions publiques arabes une popularité d'un niveau jamais atteint. Nous savons le rôle que la Turquie joua durant plusieurs mois en endossant la délicate responsabilité de facilitateur entre la Syrie et Israël, jusqu'au moment où l'État hébreu lança l'opération Plomb durci contre la bande de Gaza. Le Premier ministre turc – singulièrement furieux de ne pas avoir été tenu au courant de l'opération alors que le Premier ministre israélien avait effectué une visite officielle à Ankara quelques jours avant le déclenchement de l'opération – a alors sillonné la plupart des capitales régionales, à l'exception de Tel-Aviv, pour tenter de parvenir à un cessez-le-feu et intégrer le Hamas à une solution politique. On se souvient que quelques semaines plus tard, en janvier 2009, Recep Tayyip Erdoğan n'hésita pas à quitter bruyamment le Forum économique de Davos, s'estimant défavorisé dans le temps de parole qui lui était octroyé par rapport à Shimon Peres qui participait à la même table ronde. Le secrétaire général de la Ligue des États arabes, l'Égyptien Amr Moussa, également présent, ne jugea pas, quant à lui, utile de quitter le débat. L'épisode de Davos indiquait que la Turquie se percevait alors comme un des acteurs régionaux centraux et exigeait d'être respectée. Par son attitude, Recep Tayyip Erdoğan exprimait d'une certaine manière les vexations et les frustrations du monde musulman, ce qui lui valut en son sein une forte popularité, certains médias arabes n'hésitant pas à le comparer hâtivement à Gamal Abdel Nasser.

Cette aura sera encore renforcée lors de la sérieuse crise entre la Turquie et Israël après l'épisode du *Mavi Marmara*, du nom du navire amiral d'une flottille de huit bateaux affrétés par des organisations humanitaires turques qui s'étaient fixé l'objectif de briser pacifiquement le blocus illégal mis en œuvre par les autorités israéliennes à l'encontre de la bande de Gaza et qui entraîna l'intervention des forces spéciales de l'armée israélienne, dans les eaux internationales, le 31 mai 2010. L'assaut israélien, qui s'apparente à un acte de piraterie, se solda par la mort de neuf ressortissants turcs qui se trouvaient sur le bateau.

On ne saurait oublier enfin dans ces quelques rappels la tentative de rapprochement avec l'Arménie initiée par la présence du président turc à un match de football à Erevan en septembre 2008. Un réel espoir naît alors d'une possible réconciliation entre les deux pays. Deux protocoles d'accord sont signés entre la Turquie et l'Arménie en octobre 2009 visant à la normalisation de leurs relations, notamment l'ouverture de la frontière, fermée depuis 1993, et l'établissement de relations diplomatiques. En vain, ces protocoles ne seront jamais ratifiés par les parlements des deux États.

Ainsi la décennie 2000 marque une véritable inflexion et la prise de conscience par la Turquie de sa puissance potentielle et de sa capacité à peser sur son environnement régional. Pour autant, si la réarticulation de la politique extérieure turque est particulièrement visible dans son environnement géopolitique immédiat, il serait réducteur de considérer qu'elle se limite au Moyen-Orient. La recherche de nouveaux partenaires ne se limite ainsi pas à sa périphérie orientale ou méridionale mais elle inclut la Russie, les États turcophones, l'Afrique, la Chine, l'Amérique latine.

L'exemple africain, souvent méconnu, est particulièrement illustratif du déploiement turc à l'international. Sans pouvoir entrer dans les détails de l'évolution des initiatives turques, on peut néanmoins rappeler quelques chiffres significatifs. Entre 2000 et 2020, le nombre d'ambassades turques sur le continent est passé de 10 à 44, l'objectif étant d'être présente à moyen terme dans les 54 États ; dans la même période, les échanges commerciaux annuels sont passés de 3 à 26 milliards de dollars, le nombre de comptoirs de la compagnie nationale aérienne, la Turkish Airlines, est désormais d'une cinquantaine. Une base militaire turque a été créée en Somalie, et une autre le sera probablement prochainement en Libye. R. T. Erdoğan a effectué 28 visites sur le continent en tant que Premier ministre, puis président de la République, toujours accompagné d'importantes délégations d'hommes et de femmes d'affaires. La Turquie est enfin devenue partenaire stratégique de l'Union africaine et membre non régional de la Banque africaine de développement[19].

On le voit, la Turquie semble désormais bien décidée à « jouer mondial » et à s'affirmer comme un acteur incontournable des relations internationales.

Conséquences de l'onde de choc politique des soulèvements arabes

Quand, à partir de l'hiver 2010-2011, une onde de choc politique se propage dans les mondes arabes, la Turquie, surprise, marque un moment d'hésitation. Faut-il maintenir les liens qui ont été tissés avec les régimes en place ou, au contraire, s'engager dans le soutien aux mouvements de contestation ? C'est le second choix qui sera finalement effectué et la diplomatie turque semble alors triompher. Ainsi, Recep Tayyip Erdoğan effectue une tournée officielle remarquée en Égypte, en Tunisie et en Libye à l'automne 2011. Même si les dirigeants turcs n'utilisent eux-mêmes jamais le concept, il est fréquent à l'époque d'évoquer un modèle turc.

Il y a à ce moment au sein des cercles dirigeants de l'AKP la volonté assez claire de nouer d'étroits partenariats avec la mouvance des Frères musulmans, qui semblent alors en mesure de remporter des victoires significatives dans les pays qui connaissent des processus révolutionnaires et expriment une forte aspiration à des changements radicaux. C'est au passage, contrairement à ce qui est souvent affirmé, plus un phénomène d'opportunité politique saisi par les dirigeants d'Ankara qu'une véritable symbiose idéologique avec les Frères musulmans. Certes, des objectifs politiques peuvent exprimer de véritables convergences, mais ni les histoires, ni les cadres nationaux respectifs, ni les agendas de chacun de ces protagonistes ne coïncident en réalité, et Recep Tayyip Erdoğan n'a jamais fait partie des Frères.

C'est le mouvement de contestation révolutionnaire en Syrie qui va rebattre les cartes pour la Turquie. Alors qu'un spectaculaire rapprochement s'était manifesté, comme nous l'avons vu, entre Ankara et Damas depuis le début des années 2000, les dirigeants turcs vont être piqués au vif que Bachar Al-Assad ne prenne aucunement en compte leurs pressants conseils de démocratisation. Dès l'été 2011, après que de multiples missions de diplomates et émissaires turcs ont été vainement dépêchées à Damas, le Premier ministre turc conçoit une sorte d'obsession politique visant à faire chuter le président syrien. À maintes reprises, Recep Tayyip Erdoğan et son ministre des Affaires étrangères, Ahmet Davutoğlu, annoncent la fin imminente du régime de Damas. Soutenant diverses composantes de la rébellion, les dirigeants turcs vont jusqu'à montrer une complaisance problématique à l'égard des groupes les plus radicaux qui s'affirment graduellement dans le chaos syrien[20]. La résilience du régime syrien et l'inanité d'une solution militaire mettent alors la Turquie en porte-à-faux.

Last but not least, le chaos qui prévaut en Syrie contribue à fortement réactiver la question kurde. Le défi, perçu comme existentiel par Ankara, réside dans le fait que la projection syrienne du Parti des travailleurs du Kurdistan (PKK), le Parti de l'union démocratique (PYD), va s'imposer sur tous les autres groupes kurdes syriens et même proclamer une administration autonome au sein de laquelle ce dernier possède un rôle central[21]. Pour autant, cette opposition est de nature avant tout politique, et il n'y a pas à Ankara, en matière de politique extérieure, une ligne politique structurellement antikurde puisque, comme nous l'avons précédemment évoqué, les autorités turques entretiennent par exemple d'étroites relations avec le gouvernement régional du Kurdistan en Irak. En réalité, c'est la dialectique intérieure/extérieure de la question kurde prévalant désormais qui pose un défi d'ampleur aux autorités d'Ankara.

La résistance inattendue du régime de Damas, soutenu à bout de bras par Moscou et Téhéran, va alors mener la Turquie dans de terribles difficultés quant à la gestion de cette crise. Certes, nombreux sont les États qui ont commis des erreurs à répétition sur le dossier syrien, mais celles de la Turquie sont singulièrement préoccupantes. Comment en effet porter un véritable crédit au déploiement régional de sa politique si elle n'est pas capable d'appréhender précisément les dynamiques politiques et militaires d'un proche voisin avec lequel elle partage plus de 900 kilomètres de frontières ? Pour cette raison, les erreurs commises par Ankara se paient beaucoup plus que celles, multiples, commises par Paris, Berlin ou Washington. C'est le cours de la politique extérieure déployée par Ahmet Davutoğlu qui se trouve en échec, puisque Ankara n'est pas parvenue à composer avec un partenaire fiable dans une crise majeure qui se déploie dans son environnement immédiat.

C'est pourquoi l'exécutif turc, prenant conscience de son relatif isolement diplomatique, va, au cours de l'été 2016, infléchir radicalement ses positions sur des dossiers essentiels. La réconciliation graduelle avec Tel-Aviv, tout d'abord, mais là n'est pas le plus important. L'évocation par le président de la République de Turquie, le 4 juillet 2016, à l'occasion des fêtes de l'*aïd al fitr*, de la nécessité de rétablir un dialogue avec la Syrie, c'est-à-dire pour parler clairement avec les autorités politiques de Damas, a laissé pantois plus d'un observateur. Après cinq années durant lesquelles Ankara n'a eu de cesse d'exiger le départ immédiat et inconditionnel de Bachar Al-Assad, l'évolution est spectaculaire. Il s'agit, pour les dirigeants turcs, de se replacer dans le jeu diplomatique international en abandonnant les prises de positions maximalistes, déconnectées de la réalité, et accepter que la question de l'avenir de Bachar Al-Assad soit abordée à l'issue d'un processus de transition, et non plus d'en exiger le départ préalable. Ensuite, il s'agit de prendre sa place dans la lutte contre les groupes djihadistes et de participer à la mise en œuvre d'une solution de compromis politique en se rapprochant de Moscou. Les liens et l'influence d'Ankara auprès de multiples groupes armés de l'opposition syrienne vont lui permettre d'occuper une fonction nécessaire à la réussite des initiatives du Kremlin. C'est pourquoi Recep Tayyip Erdoğan se rend à Saint-Pétersbourg, le 9 août 2016, pour se réconcilier avec Vladimir Poutine, avec lequel la brouille était sérieuse depuis que la chasse turque avait abattu un aéronef syrien, en novembre 2015, dans la zone frontalière turco-syrienne. Cette réconciliation vaudra à la Turquie la possibilité d'être partie au groupe d'Astana aux côtés de la Russie et de l'Iran[22].

Pour autant, nous restons convaincus que la Turquie considère ses liens avec Washington et Bruxelles, bien qu'ils soient souvent rugueux, comme plus importants et structurants à ce stade que les relations entretenues avec Riyad, Bagdad, Téhéran, Erbil ou Moscou. Ainsi, comme déjà expliqué précédemment, la relation avec Israël s'inscrit dans ce cadre d'analyse. Lorsque les accords de coopération militaire turco-israéliens ont été actés en 1996, ils s'inscrivaient dans la volonté de l'administration Clinton de restructurer les jeux d'alliance états-uniens au Moyen-Orient. La politique unilatéraliste de l'administration Bush et la fuite en avant de la politique israélienne, minant systématiquement le contenu des accords d'Oslo de 1993, amenèrent la Turquie à s'éloigner peu à peu de Tel-Aviv parce que ce système de partenariat devenait contradictoire avec ce qu'elle considérait être ses intérêts nationaux dans la région, mais l'accord de réconciliation du 27 juin 2016 montre que le refroidissement des relations entre les deux pays n'avait rien d'irréversible.

On le constate à la fin des années 2010, les espoirs turcs d'affirmation de son *leadership* au Moyen-Orient et sur la scène internationale marquent le pas et ne connaissent pas les succès qu'on pouvait leur prédire il y a encore peu. Force est certes d'admettre qu'il est plus complexe de développer une politique de voisinage fluide quand on est entouré par des pays tels que l'Iran, l'Irak, la Syrie ou l'Arménie que lorsque c'est la Belgique, l'Allemagne, la Suisse ou l'Espagne. Néanmoins, en dépit des multiples difficultés rencontrées, la Turquie est désormais, et restera, une puissance régionale de premier plan.

Vers de nouvelles alliances ?

Les dernières années ont apporté leur lot d'interrogations et de mésinterprétations sur les évolutions de la politique extérieure de la Turquie. Une inquiétude a même semblé sourdre des cercles liés aux complexes militaro-sécuritaires occidentaux quant à la sortie de la Turquie des systèmes d'alliance traditionnels, et notamment de l'Organisation du traité de l'Atlantique Nord (OTAN), dont elle est membre depuis 1952.

Les différends politiques entre la Turquie et ses alliés occidentaux montrent néanmoins qu'ils n'ont pas, à ce stade, de caractère rédhibitoire. S'il ne faut en effet pas sous-estimer la constante volonté d'Ankara de procéder à une nouvelle articulation des rapports entretenus avec ses partenaires, un processus de rupture avec les fondamentaux de sa politique extérieure n'est pas à l'ordre du jour.

Il suffit de rappeler quatre événements parmi les plus récents : l'acceptation de l'installation sur son sol du radar de pré-alerte du bouclier antimissile de l'OTAN, actée au sommet de Lisbonne de novembre 2010 et mise en œuvre en septembre 2011 ; le déploiement par l'OTAN, sur requête d'Ankara, au nom de l'article 4 du traité fondateur de l'OTAN, de missiles Patriot sur la frontière turco-syrienne en janvier 2013 ; la demande turque d'une réunion de l'OTAN au niveau des ambassadeurs, quelques minutes après avoir fait abattre un aéronef russe par sa chasse aérienne, le 24 novembre 2015, requête immédiatement acceptée par l'organisation transatlantique. Ces exemples, indépendamment de leurs développements ultérieurs, indiquent assez bien que la Turquie ne possède pas l'intention de rompre avec ses alliés. Enfin, la proposition formulée par Recep Tayyip Erdoğan au président Biden, lors de leur rencontre bilatérale au cours du sommet de l'OTAN du 14 juin 2021, d'assurer la sécurité de l'aéroport de Kaboul à la suite du retrait des troupes états-uniennes d'Afghanistan s'inscrit dans le droit fil de cette analyse.

A contrario, la Turquie peut être confrontée à la méfiance des États dont elle proclame vouloir se rapprocher. Ainsi Recep Tayyip Erdoğan, à un moment d'accroissements des tensions avec l'Union européenne, n'hésita pas à signifier que cette situation n'était finalement pas si grave et que la Turquie pouvait par exemple parfaitement se tourner vers l'Organisation de coopération de Shanghai (OCS). C'est pourquoi Ankara y demanda son admission, comme membre observateur. Mais la Chine et la Russie, les deux membres décisifs de l'OCS, se défiant d'Ankara en raison de son appartenance à l'OTAN, n'acceptèrent finalement que de lui octroyer le statut de partenaire de dialogue au début de l'année 2013[23].

Consciente de son potentiel, la Turquie entend faire valoir ses intérêts nationaux avec force. Si l'instrumentalisation nationaliste des désaccords avec les États-Unis peut aviver les divergences et les tensions, rappelons qu'elle dispose de la deuxième armée de l'OTAN par le nombre de ses soldats, qu'elle met à la disposition de ses alliés la base d'Incirlik où sont entreposées des armes nucléaires, qu'elle continue à contrôler les détroits, et qu'elle est le seul État culturellement musulman membre de l'Alliance atlantique. En un mot, elle continue d'être un *hub* eurasiatique incontournable pour la politique régionale états-unienne.

Du point de vue des intérêts des puissances occidentales, le statut de pivot que possède *de facto* Ankara doit être préservé. La confiance a indéniablement été écornée, mais les intérêts mutuels restent forts et la Turquie demeurera dans l'OTAN, même si elle peut y jouer parfois le rôle de trublion, à l'image, toutes choses égales par ailleurs, de la politique du général de Gaulle en son temps.

Au cours de l'année 2020, la Turquie s'est trouvée au centre de multiples tensions et conflits qui affectent les équilibres régionaux. Syrie, Libye, Méditerranée orientale, Haut-Karabakh constituent en effet autant de dossiers au sein desquels le pays prétend à un rôle central et dans lesquels il est activement intervenu. Tirant un bilan géopolitique de l'année écoulée, un éditorialiste géopolitique réputé considérait même sur France Inter que la Turquie était la puissance de l'année 2020[24].

Comme nous l'avons d'éjà évoqué précédemment, il est fréquemment fait appel aux concepts de néo-ottomanisme et d'expansionnisme pour caractériser la politique initiée par Ankara, ce qui, si les mots ont un sens, placerait ainsi la Turquie dans une logique de conquête territoriale et donc de modification des frontières. Or, même si de nombreux discours de Recep Tayyip Erdoğan font effectivement référence aux anciens territoires ottomans, il convient néanmoins de distinguer ce qui relève d'une rhétorique souvent belliqueuse, et il est vrai préoccupante, de la dure réalité des rapports de forces et des véritables objectifs et capacités de la Turquie. Si un empire, quel qu'il soit, est par essence expansionniste, peut-on considérer que c'est le cas de la République de Turquie aujourd'hui ? Assurément non. Il s'agit donc de raison garder et de ne point se laisser entraîner dans de stériles polémiques qui empêchent de saisir les dynamiques politiques à l'œuvre.

Pour autant, la Turquie possède désormais une incontestable politique d'influence, elle-même favorisée par la prise de conscience de sa propre puissance. Il n'est plus question désormais pour elle d'accepter une quelconque forme de résignation et/ou de statut de deuxième classe. Désormais, la politique extérieure d'Ankara aspire à se déployer à 360 degrés et, à l'image de nombreux autres États qualifiés d'émergents, elle est décidée à faire entendre sa voix sur la scène internationale.

Pour en revenir aux questions régionales, il semble impératif de sérier les différents dossiers dans lesquels la Turquie s'est impliquée au cours l'année 2020, dans la mesure où chacun d'entre eux renvoie à des enjeux et des objectifs non réductibles les uns aux autres et au sein desquels ne prévalent pas les mêmes logiques.

Tout d'abord, comme nous l'avons vu, la politique syrienne de la Turquie est principalement déterminée par l'enjeu kurde qui, à ses yeux, revêt une dimension existentielle. L'erreur principale d'Ankara réside dans sa volonté de réduire cette question à celle du Parti des travailleurs du Kurdistan (PKK) et de ses affidés, en l'occurrence le Parti de l'union démocratique (PYD) influent dans le Nord et le Nord-Est de la Syrie. Obsédée par le fait que la pérennisation de l'autonomie des territoires sous contrôle de ce dernier risque d'induire des effets négatifs sur le mouvement nationaliste kurde en Turquie même, Ankara n'hésite alors pas à multiplier les incursions contre les zones sous contrôle du PYD en Syrie. À l'instar de l'interventionnisme de tant d'autres puissances, les opérations militaires turques sur le

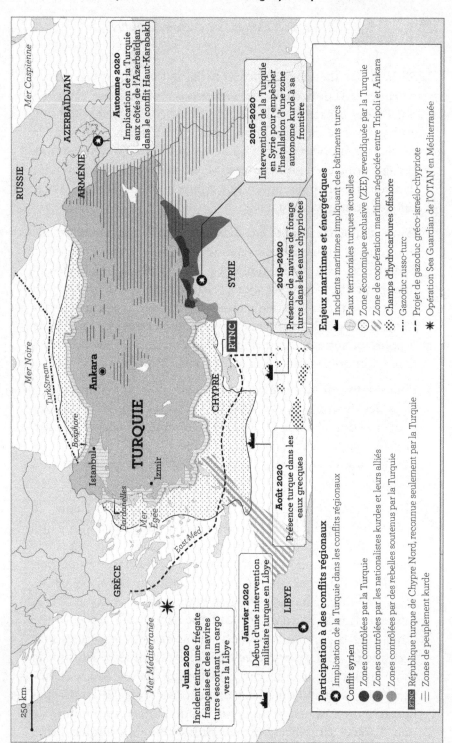

sol syrien n'ont jamais bénéficié du moindre mandat d'aucune instance internationale et ne permettront pas de résoudre un défi qui nécessite avant tout une solution politique.

L'intervention militaire de la Turquie en Libye au cours du premier trimestre 2020 relève d'une autre dimension qui s'inscrit dans la logique de l'accord contracté entre Ankara et Tripoli au mois de novembre 2019[25]. Il convient de souligner qu'en la matière, la Turquie soutient le gouvernement de Fayez El-Sarraj, porté sur les fonts baptismaux par l'ONU elle-même. En ce sens, non seulement la politique turque à l'égard de la Libye, si elle n'est pas dénuée d'arrière-pensées, notamment d'ordre économique, ne s'inscrit aucunement contre le droit international, mais elle a en outre contribué à stabiliser la situation dans le pays. De fréquentes accusations de non-respect de l'embargo sur les livraisons d'armes ont par ailleurs été portées à l'encontre d'Ankara. Bien que parfaitement recevable, cette critique aurait eu néanmoins beaucoup plus de poids si elle avait été adressée de la même façon à l'ensemble des nombreux États ne respectant pas l'embargo décidé par l'ONU.

Mais le paramètre essentiel qui permet de comprendre l'intérêt porté à la Libye par Ankara renvoie plus fondamentalement à la Méditerranée orientale et la délimitation des eaux territoriales. Depuis des décennies, un contentieux persiste effectivement à ce sujet entre la Grèce et la Turquie. En dehors des périodes de tensions récurrentes, une sorte de *statu quo* semblait prédominer, mais la découverte de gisements de gaz *offshore* a rebattu les cartes et considérablement avivé les rivalités. Il semble judicieux de distinguer la forme et le fond dans ce dossier. Sur la forme, le ton et les postures bellicistes de Recep Tayyip Erdoğan ne sont pas acceptables. Sur le fond, considérant la topographie régionale, force est d'admettre que l'exigence turque de trouver une application particulière du droit maritime international ainsi que le refus de voir la mer Égée transformée en lac grec sont recevables. Un autre point irritant concerne l'avenir de l'île de Chypre, pour laquelle il semble urgent que l'ONU prenne de nouvelles initiatives, à l'image de ce qu'avait fait Koffi Annan en 2004 en contribuant à organiser un référendum portant sur l'avenir de l'île. L'Union européenne, désormais juge et partie, ne peut plus pour sa part se poser en médiatrice efficiente.

Le Haut-Karabakh, enfin, relève encore d'une autre logique. La Turquie fait indéniablement partie des bénéficiaires de la guerre de quarante-quatre jours qui a affecté le Caucase du 27 septembre au 10 novembre 2020. Soutien de longue date des revendications de l'Azerbaïdjan, considéré comme un pays frère, elle a largement aidé à la modernisation de son armée au cours des années récentes. Son rôle dans la victoire azerbaïdjanaise lui a notamment permis de renforcer son importance géopolitique dans la Caucase. La création programmée du corridor entre le Nakhitchevan et l'Azerbaïdjan lui assure, en outre, de bénéficier d'une forme de continuité territoriale et de créer un lien plus rapide entre la mer Noire et la mer Caspienne afin de faciliter et sécuriser l'acheminement vers les marchés européens du gaz azerbaïdjanais par le gazoduc transanatolien (TANAP). Pour autant, il serait erroné de considérer qu'il en découle une sorte de lien de domination turque à l'égard de Bakou, et il ne faut pas sous-estimer à l'inverse l'importance que revêt l'Azerbaïdjan pour Ankara en matière de fournitures d'hydrocarbures et d'affirmation de son rôle de *hub* énergétique.

Le dossier des missiles S-400 russes, dont la livraison de plusieurs éléments a commencé le 12 juillet 2019 et qui illustre le rapport contrarié d'Ankara avec les puissances occidentales, indique-t-il une volonté de la Turquie de rompre ses alliances avec celles-ci ? Il est exact que ces armes sont incompatibles avec les normes de l'OTAN, car permettant hypothétiquement d'accéder à certains des systèmes codés de cette dernière. Pour autant, on ne peut considérer que la Turquie s'inscrit dans une logique de rupture, et elle a parfaitement conscience qu'aucun État, ou groupe d'États, n'est à même de lui donner l'équivalent en termes d'assurance sécurité que celle fournie par l'Alliance atlantique. Restera à analyser si le début d'activation effective des S-400 modifiera la donne à l'avenir, ce qui n'est toujours pas le cas à l'heure où ces lignes sont écrites, presque deux ans après le début de leur déploiement.

Cependant, la diversité des projets et contrats en négociation dans le domaine de l'armement avec plusieurs puissances occidentales exprime, d'une part, la poursuite de la diversification de ses partenariats extérieurs et, d'autre part, sa résolution à renforcer ses propres capacités nationales de défense. Il faut reconnaître que, de ce point de vue, les unités de missiles Patriot restées actives sur la base d'Incirlik ne suffisent pas à couvrir les frontières orientale et méridionale du pays.

Donald Trump a semblé vouloir minimiser la responsabilité turque dans l'achat des S-400, assurant qu'elle incombait plutôt à Barack Obama, accusé d'avoir voulu imposer des conditions exagérées à la partie turque pour l'achat de systèmes Patriot. Cela ne l'a pas pour autant empêché, dès les premières livraisons d'éléments des systèmes S-400 en Turquie, de prendre des mesures de coercition à l'encontre de la Turquie concernant le programme des F-35 : éviction de la chaîne de fabrication, cessation du programme d'entraînement des pilotes turcs et impossibilité pour la Turquie d'en acquérir. *A contrario*, le secrétaire général de l'OTAN n'hésita pas, quant à lui, à prononcer un véritable plaidoyer en faveur d'Ankara lors de l'ouverture du Aspen Security Forum, organisé dans le Colorado le 17 juillet 2019, soit cinq jours après le début du déploiement des S-400 sur le sol turc : « Le rôle de la Turquie dans l'OTAN est beaucoup plus large que les F-35 ou les S-400[26] », asséna-t-il alors à ses auditeurs. Néanmoins, on peut supposer que la relation avec les États-Unis et l'OTAN se révèlera plus compliquée sous la présidence de Joe Biden, dont nous savons qu'il ne possède guère d'empathie à l'égard de son homologue turc.

Quant aux relations entre Ankara et Moscou, si elles semblent aujourd'hui filer un cours harmonieux, les événements de ces dernières années démontrent toutefois qu'il ne peut y avoir ni alliance stratégique ni rupture complète entre la Russie et la Turquie.

La crainte parfois exprimée d'une alliance russo-turque s'opposant à l'Occident se base sur une perception faussée de leur place et de leurs objectifs sur la scène internationale. Par bien des aspects, les deux pays peuvent présenter un profil similaire : régulièrement classés, certes de manière très réductrice, dans le groupe des « émergents », tendance autoritaire et personnalisée du pouvoir, relations heurtées avec l'Union européenne et les États-Unis, rapport nostalgique à un passé glorieux et volonté d'affirmation sur la scène internationale.

Mais si leurs intérêts peuvent se mutualiser, la Russie et la Turquie ne relèvent fondamentalement pas de la même catégorie d'acteurs. Alors que Moscou retrouve progressivement sa place sur la scène internationale, Ankara ne l'a jamais véritablement trouvée, et continue de la chercher. Cet état de fait induit une asymétrie persistante qui débouche sur des tensions récurrentes entre les deux pays, que les intérêts politiques et économiques mutuels ne parviennent pas à obérer. Preuve en est que le retour de la Russie au centre du jeu international s'est réalisé, ces dernières années, aux dépens de la volonté turque de s'affirmer comme leader régional. À travers notamment son action dans la crise syrienne, Moscou entretient désormais des relations avec tous les acteurs régionaux et dispose aujourd'hui du rôle central que la Turquie s'était assigné il y a quelques années sous l'influence d'Ahmet Davutoğlu.

La difficulté de Recep Tayyip Erdoğan à tracer une perspective de moyen et long termes et l'impulsivité qui le caractérise sont autant de marques de faiblesse montrant les limites d'un pays qui, pourtant, a de nombreux atouts à faire valoir. Cela explique, entre autres, que la Turquie n'apparaît pas en position de force dans les négociations sur le dossier syrien bien qu'une solution au conflit soit inenvisageable sans elle. Ahmet Insel, observateur avisé des évolutions politiques en Turquie, explique souvent que Vladimir Poutine est un joueur d'échecs qui raisonne avec plusieurs coups d'avance, alors que Recep Tayyip Erdoğan est un joueur de *tavla* (backgammon) dont chaque lancer de dés est susceptible de remettre en cause tout le jeu construit antérieurement. L'image est on ne peut plus exacte.

Une alliance stratégique entre Ankara et Moscou demeure donc très peu probable au vu des trajectoires, des moyens et des objectifs des politiques étrangères respectives. Plus généralement, le concept même d'alliance stratégique, qui induirait un certain degré de devoirs et de contraintes politiques réciproques, ne permet pas de saisir la nature essentiellement fonctionnelle de la relation russo-turque. La nécessité d'une coopération politique et économique ne doit pas se confondre avec un rapprochement stratégique dans une logique de bloc, et masquer la constante réévaluation des intérêts respectifs entre les deux pays. Ainsi, la relation d'Ankara avec Kiev montre clairement que la fluidification des relations entre la Turquie et la Russie ne signifie pas un alignement de la première sur la seconde[27].

Néanmoins, l'intérêt à coopérer pour les deux acteurs induit qu'une rupture complète constitue un scénario improbable. Si des épisodes de tensions, voire de confrontation politique directe, restent envisageables, la Turquie demeure un partenaire indispensable à la réussite des objectifs de Moscou en Syrie, eux-mêmes liés aux ambitions internationales de Vladimir Poutine. Le Kremlin semble en avoir pris acte, laissant à Ankara une certaine marge de manœuvre vis-à-vis des Kurdes organisés par le Parti de l'union démocratique (PYD) dans le Nord-Est syrien ou dans la gestion de la région d'Idlib. Pour sa part, Recep Tayyip Erdoğan voit dans une coopération avec la Russie un moyen d'avoir prise sur la question kurde.

Si les retournements tactiques ne sont pas à exclure, il apparaît néanmoins clairement aux yeux d'Ankara que la politique de Moscou dans la région est beaucoup moins déstabilisatrice pour ses intérêts que celle menée par Washington, et il semble certain que la Turquie ne partage pas la perception de ses alliés occidentaux à l'égard de la Russie, qu'elle n'appréhende pas pour sa part comme un ennemi ou une menace.

En fait, les évolutions de la politique extérieure de la Turquie s'inscrivent, d'une part, dans sa longue quête d'identité perceptible depuis maintenant cinq décennies et, d'autre part, dans une volonté plus récente de tenir compte des nouveaux paradigmes qui tendent à structurer les relations internationales. Pour la première fois dans l'histoire de l'humanité, tous les peuples de la planète sont politiquement actifs. Désormais, les valeurs, que les puissances occidentales continuent plus ou moins confusément à considérer comme universelles, ne parviennent plus à s'imposer ni militairement, ni politiquement, ni culturellement[28]. Au-delà de leurs diversités, les puissances dites émergentes s'affirment sur la scène mondiale et bousculent les équilibres anciens. La Turquie est un exemple de ce « bouleversement du monde » qui conduit fréquemment le président Erdoğan à manifester son refus d'un ordre international régi par les cinq puissances du Conseil de sécurité des Nations unies : « Je persiste à le répéter, le Conseil de sécurité de l'ONU doit être réformé pour pouvoir mieux représenter le monde aujourd'hui. C'est ce que je veux dire quand j'explique que le monde est plus grand que cinq », déclarait-il ainsi, lors de la session de clôture de la 62ᵉ assemblée générale de l'Assemblée parlementaire de l'OTAN le 21 novembre 2016 à Istanbul[29].

Aussi les alliés traditionnels de la Turquie doivent-ils apprendre à distinguer ce qui relève de la posture conjoncturelle – souvent abondamment utilisée pour des raisons de politique intérieure – de ce qui pourrait hypothétiquement devenir structurant dans les années à venir. C'est en réalité la volonté affirmée de la Turquie de procéder à la réarticulation de ses rapports avec le monde extérieur qui nous paraît essentielle, sans que cela n'exprime, à ce stade, des velléités de rupture avec le système d'alliances traditionnel du pays.

C'est très précisément la capacité de la Turquie à se trouver à la confluence d'intérêts divergents, ou opposés, qui fait sa force et fonde sa capacité d'attraction potentielle. Le nouveau rôle qu'elle est en train d'acquérir est moins une rupture que l'expression de l'affirmation des intérêts nationaux d'un pays qui mesure ses atouts dans le jeu régional et international. Le déploiement de la politique extérieure de la Turquie est l'expression renouvelée du profil unique d'un pays qui s'affirme : pays culturellement musulman, membre de l'OTAN, toujours candidat à l'Union européenne, qui ambitionne non seulement d'être une puissance pivot au Moyen-Orient mais aussi de conquérir une place reconnue dans le jeu diplomatique international. Être membre du G20, du Conseil de l'Europe, de l'OTAN reste assurément plus important aux yeux des dirigeants turcs que de se restreindre aux seules relations avec son environnement géopolitique immédiat.

Notes

1. Jean François Bayart, « La Politique extérieure de la Turquie : les espérances déçues », *Revue française de science politique*, octobre-décembre 1981, n° 5/6, p. 863.
2. Natalie Nougayrede, « Sommes-nous en train de perdre la Turquie ? », *Le Monde*, 19 octobre 2009, www.lemonde.fr/idees/article/2009/10/19/sommes-nous-en-train-de-perdre-la-turquie-par-natalie-nougayrede_1255761_3232.html consulté le 7 avril 2020.
3. Pour des éléments plus détaillés sur les évolutions de la politique extérieure de la Turquie républicaine, voir Didier Billion, *La Politique extérieure de la Turquie – Une longue quête d'identité*, Paris, L'Harmattan, coll. « Comprendre le Moyen-Orient », 1997.
4. Feroz Ahmad, *The Turkish Experiment in Democracy 1950-1975*, C. Hurst & Compagny, 1977, p. 396.
5. Jean Philippe von Gastrow, « Turquie, pays musulmans et Islam », *RMMM*, n° 4, 1988, p. 183.
6. Voir ainsi les déclarations de George Bush le 24 avril 1990, à l'occasion du soixante-quinzième anniversaire du décret des déportations arméniennes, considérées comme inamicales ; la proposition du Congrès de réduire l'aide militaire à la Turquie de 150 millions de dollars ; la réception du patriarche grec orthodoxe d'Istanbul aux États-Unis ; la signature d'un nouveau traité militaire entre la Grèce et les États-Unis, le 8 juillet de la même année.
7. Puisque le débit de celui-ci allait passer de 500 m^3/s à 120 m^3/s durant un mois à partir du 13 janvier 1990 afin de remplir le lac artificiel en amont du barrage Atatürk.
8. Cela entraînera les démissions de Ali Bozer, ministre des Affaires étrangères le 12 octobre 1990, de Safa Giray, le ministre de la Défense nationale le 18 octobre et celle de Necip Torumtay, chef d'état-major des forces armées le 3 décembre.
9. Ahmet Davutoğlu, « Turkey's Foreign Policy Vision », *Insight Turkey*, vol. 10, n° 1, hiver 2008, p. 77-96 ; « Turkey's Zero-Problems Foreign Policy », *Foreign Policy*, 20 mai 2010.
10. Notamment les Tigres anatoliens, voir p. 49.
11. Ainsi Paul Wolfowitz pouvait déclarer : « Je pense que tout ce que la Turquie fait avec la Syrie ou avec l'Iran devrait s'inscrire dans le cadre d'une politique générale établie avec nous et visant à obtenir que ces pays changent leur mauvais comportement », AFP, 25 juillet 2003.
12. *Le Temps*, 11 juin 2010.
13. Jean-Paul Burdy, Jean Marcou, « Le cheminement complexe des nouvelles relations turco-arabes », *Hérodote*, 2013/1, n° 148, p. 12.
14. International Security Assistance Force (Force internationale d'assistance et de sécurité), opérant en Afghanistan sous égide de l'OTAN à partir de 2001.

15. Responsabilité de tâches de police à Kaboul, gestion d'un programme de formation de la police et de la justice afghanes, participation à la formation scolaire d'élèves du secondaire, implications multiples dans les tentatives de reconstruction d'un État afghan, participation avec statut d'observateur au sein de la Force de gendarmerie européenne.
16. AFP Bruxelles, 11 juin 2010.
17. *Sabah*, 14 juin 2010.
18. *Zaman France*, 11 février 2010.
19. Sur l'ensemble de ces éléments, voir Joséphine Dedet, « Merhaba Afrika » [Bonjour l'Afrique], *Jeune Afrique*, n° 3094, novembre 2020.
20. David E. Sanger, « Rebel Arms Flow is Said to Benefit Jihadists in Syria », *The New York Times*, 14 octobre 2012.
21. Voir p. 112.
22. Le processus d'Astana, initié par un accord signé en mai 2017 par la Russie, l'Iran et la Turquie, est un ensemble de rencontres entre différents protagonistes du conflit syrien visant à mettre en œuvre une solution politique à ce dernier.
23. Tolga Bilener, *La Turquie et la Chine : une nouvelle convergence en Eurasie ?*, L'Harmattan, 2019, p. 115.
24. Pierre Haski, *2020, l'année de l'affirmation de la puissance turque*, France Inter, Géopolitique, 28 décembre 2020, www.franceinter.fr/emissions/geopolitique/geopolitique-28-decembre-2020
25. Pour aller à l'essentiel, cet accord acte la délimitation des eaux territoriales entre la Turquie et la Libye, concrétisant ainsi la création d'un corridor entre la mer Égée et la Méditerranée orientale, et codifie par ailleurs un accord de coopération militaire entre les deux États.
26. Jens Stoltenberg, « L'OTAN : un atout pour l'Europe, un atout pour l'UE », 17 juillet 2019, www.nato.int.
27. Ainsi, au cours de la visite à Ankara du président ukrainien, Volodymyr Zelensky, le 10 avril 2021, Recep Tayyip Erdoğan a réaffirmé le soutien de la Turquie à l'intégrité et à la souveraineté de l'Ukraine, la non-reconnaissance de l'annexion de la Crimée par Moscou, et a confirmé la livraison de drones turcs Bayraktar TB2 à Kiev ainsi que l'approfondissement de la coopération en matière d'armement, pour enfin confirmer son soutien à la candidature de l'Ukraine à l'OTAN.
28. Sur ces problématiques, voir Hubert Védrine, *Continuer l'Histoire*, Paris, Fayard, 2007, et Pascal Boniface, *Requiem pour le monde occidental*, Paris, Eyrolles, 2019.
29. Agence Anadolu, Istanbul, 21 novembre 2016.

Chapitre 6

Le blocage européen

Les relations entre la Turquie et l'Union européenne (UE) sont marquées par de fortes turbulences qui, bien que souvent instrumentalisées par l'une ou l'autre des parties pour des raisons de politique intérieure, posent des problèmes de fond loin d'être réglés, parce que mal posés. Ainsi, il est devenu banal aujourd'hui de considérer que la Turquie s'éloigne de l'UE et qu'il n'est donc plus opportun de l'intégrer. Cette position n'est pas comprise par la Turquie car elle sonne comme un reniement d'engagements pris dès 1963 et confirmés en 2005. Au vu des enjeux géopolitiques sous-jacents, il apparaîtrait judicieux de réagir à cette situation de distanciation et de procéder à une refondation des relations turco-européennes. Bien que l'UE n'ait probablement pas aujourd'hui l'énergie de l'énoncer et de la mettre en œuvre, cela n'en semble pas moins nécessaire.

Une relation équivoque

La marche séculaire du peuple turc vers l'Ouest et les relations qu'il entretient avec l'Europe occidentale ont connu de multiples jalons qu'il ne s'agit pas d'analyser ici. Pour s'en tenir à la période républicaine, nous savons la profonde fascination qu'exerça l'Europe sur la réflexion et les décisions de Mustafa Kemal. Ce dernier considérait que la civilisation et les valeurs occidentales, incarnées à ses yeux par l'Europe, comme les seules pouvant permettre à la Turquie de rentrer de plain-pied dans la modernité. C'est cette conviction fondamentale qui permet de comprendre les mesures radicales décidées lors des premières années de construction de la République et les ruptures catégoriques opérées avec l'environnement culturel et géopolitique du pays.

Quelques décennies plus tard, c'est en juillet 1959 qu'en vertu de l'article 238 du traité de Rome, le Premier ministre turc adresse à la Communauté économique européenne (CEE) une demande d'association. Il s'agit alors de diversifier la politique extérieure turque, trop exclusivement alignée sur Washington après la Seconde Guerre mondiale.

Dès l'automne 1959, des discussions exploratoires sont entamées, pour aboutir à la signature de l'Accord d'Ankara du 12 septembre 1963, qui crée un Accord d'association entre la Turquie et la CEE. Lors de la cérémonie de signature, Walter Hallstein, président de la commission de négociation, déclare : « La Turquie est une partie de l'Europe. C'est réellement la signification première de ce que nous sommes en train d'accomplir aujourd'hui. Cela confirme d'une façon incomparablement moderne une vérité qui est plus que l'expression sommaire d'un concept géographique ou d'un fait historique qui tient bon depuis plusieurs siècles. [...] La Turquie fait partie de l'Europe : aujourd'hui, cela signifie qu'elle a établi une relation institutionnelle avec la Communauté européenne. Comme pour la Communauté elle-même, cette relation est imprégnée du concept d'évolution[1]. » En dépit du lyrisme de circonstance, les négociations préparatoires connurent de nombreuses difficultés dont la moindre ne fut pas, déjà, la question de la définition de la Turquie comme État européen. Toutefois, cet Accord d'association constitue pour la Turquie une étape essentielle d'un long processus historique illustrant son attachement à l'Europe et lui ouvrant la possibilité de devenir un jour membre à part entière de la CEE dans son article 28, articulé par ailleurs autour d'une phase préparatoire de cinq ans, d'une phase transitoire de douze ans et d'une phase définitive. Ce document fait toujours foi dans les relations turco-européennes au nom du principe de droit international de *Pacta sunt servanda*.

Le point de vue qui prévaut généralement au sein des cercles dirigeants turcs et européens, au début des années 1960, est d'envisager l'association des deux parties sous un angle essentiellement politique. C'est avant tout dans ce cadre qu'il faut saisir la portée de l'Accord d'association de 1963, mais aussi ses limites, dans le sens où la Turquie cherche à obtenir d'ambitieux avantages que sa puissance limitée ne lui permet en réalité pas de négocier. Les rapports de forces sont tels que la Turquie doit se conformer aux exigences de la CEE, et elle prend conscience que la pleine intégration à un marché et un système économiques jusque-là passablement excentrés par rapport aux flux communautaires entraînera immanquablement des traumatismes pour l'économie turque.

Le cours des événements politiques nationaux et internationaux – mémorandum militaire de 1971, intervention armée à Chypre au cours de l'été 1974 et coup d'État de 1980 – contribuent à dégrader les relations de la Turquie avec ses partenaires ouest-européens et ne permettent pas de mettre à profit la période dite de transition prévue dans l'Accord d'association. Au cours des années de l'immédiat après-coup d'État de septembre 1980 notamment, une période de tensions se cristallise et la Turquie se trouve isolée tant au niveau du Conseil de l'Europe qu'à celui des différentes instances de la CEE. Les motifs de brouille se multiplient en effet entre les deux parties, mais ce que les Turcs reprochent le plus fréquemment à leurs partenaires ouest-européens, ce ne sont pas tant les divergences existantes mais surtout le fait que lesdits partenaires « changent les règles du jeu au fur et à mesure que la partie se joue ». Bien qu'en concevant une vive amertume, ils maintiennent néanmoins une orientation proeuropéenne, clairement manifestée par la demande officielle d'adhésion à la CEE, déposée le 14 avril 1987, sous l'impulsion de Turgut Özal.

Un premier refus est formulé par l'avis négatif de la Commission européenne publié le 18 décembre 1989. Pour la Turquie, le revers est réel, mais les réactions officielles restent mesurées. Turgut Özal, devenu président de la République, manifeste la volonté de demeurer étroitement associé à la Communauté en soulignant notamment que, malgré les difficultés rencontrées, la CEE reste un partenaire économique privilégié : 33,8 % du total des exportations turques en 1965, 48,9 % en 1976, 43,8 % en 1986 et 46,6 % en 1989. Les importations, pour leur part, représentent 28,5 % en 1965, 41 % en 1986 et 38,4 % en 1989. Il s'agit donc de maintenir le cap vers l'Europe occidentale dont Turgut Özal considère en outre qu'elle va constituer un pôle d'attraction et de stabilité au moment où les craquements en Europe orientale se font de plus en plus perceptibles.

Malgré l'accord d'union douanière qui entre en vigueur le 31 décembre 1995, les années qui suivent sont marquées par une alternance de tensions – le Conseil européen de décembre 1997 refuse d'inclure la Turquie dans la liste des onze pays dont la candidature est acceptée – et de périodes d'approfondissement des relations.

C'est le Conseil européen d'Helsinki de décembre 1999 qui, reconnaissant sans ambiguïté le statut de candidat à la Turquie, admet qu'à terme, celle-ci a sa place au sein de l'Union européenne. Par là même, les sempiternels débats sur l'européanité de la Turquie n'ont théoriquement plus de portée pratique ou politique. À partir de ce moment, le rapport de la Turquie à l'UE se modifie radicalement.

On ne peut qu'être impressionné par l'enthousiasme qui s'est manifesté en Turquie au lendemain des décisions dudit Conseil. Les réformes constitutionnelles qui ont été votées à la suite de l'adoption du Programme national d'harmonisation aux critères de l'Union européenne en mars 2001 – notamment huit « paquets législatifs » – sont impressionnantes, surtout si on les replace dans le contexte sécuritaire et liberticide qui prévalait, depuis le 11 septembre 2001, aux niveaux régional et international. Systématiquement en effet, les réformes votées élargissent le champ des droits et des libertés individuelles et collectives et tentent de réformer le système économique pour se mettre en conformité avec les éléments de conditionnalité énoncés dans les critères de Copenhague. L'AKP, qui parvient au gouvernement en novembre 2002, s'inscrit totalement dans les pas de ses prédécesseurs et fait de la perspective d'adhésion à l'UE l'une de ses priorités.

En dépit des objections de certains États membres, le Conseil européen de Bruxelles de décembre 2004 donne son accord pour l'ouverture des pourparlers d'adhésion avec la Turquie, qui débutent enfin le 3 octobre 2005. Il s'agit alors pour la Turquie d'intégrer les 90 000 pages de l'acquis communautaire dans son droit national, tâche ardue qu'elle a probablement sous-estimée. Pour parvenir à cet objectif, 35 chapitres de pourparlers doivent graduellement être ouverts qui traitent de la quasi-totalité des domaines de compétences de l'UE.

Si dans un premier temps les négociations sont marqués du sceau du volontarisme, des problèmes politiques surgissent assez rapidement. Le premier, date du mois de décembre 2006, à la suite du refus de la Turquie d'appliquer à la République de Chypre, en réalité la partie de l'île dirigée par les seuls Chypriotes grecs, le même statut qu'aux autres États européens, en application du protocole d'Ankara étendant aux nouveaux États membres son union douanière avec l'UE et, conséquemment, d'ouvrir ses ports et ses aéroports aux navires et aéronefs chypriotes grecs. Le Conseil européen décide alors, d'une part, de geler 8 des 35 chapitres d'adhésion et, d'autre part, qu'aucun des chapitres ouverts ne puisse être clos. Le second, est lié aux inquiétudes que fait naître l'élection de Nicolas Sarkozy à la présidence de la République en 2007. Ce dernier, lors de la campagne pour l'élection présidentielle, outre son opposition à la perspective de l'intégration de la Turquie au sein de l'UE, avait menacé de mettre son veto à l'ouverture de tout nouveau chapitre. En réalité, il n'en fit rien – 2 chapitres ont même été ouverts sous la présidence française de l'UE au cours du deuxième semestre de 2008 –, précisant toutefois qu'il ne s'opposerait pas à l'ouverture de nouveaux chapitres à la condition que ces derniers soient compatibles avec deux visions possibles de l'avenir, soit l'intégration, soit une association qui prendrait la forme d'un partenariat privilégié. C'est pourquoi Nicolas Sarkozy refusa finalement l'ouverture des 5 chapitres portant sur la politique économique et monétaire, l'agriculture et le développement rural, l'éducation et la culture, les dispositions financières et budgétaires, les institutions... qui auraient préjugé, selon lui, que l'adhésion soit l'unique option.

Ces obstacles portés par certains États européens – France, Autriche, Allemagne, Chypre... – expriment la crise existentielle de l'UE, qui renvoie elle-même à la question du type d'Union à construire. Il est ainsi pour le moins troublant de constater que le début des pourparlers et la cristallisation des blocages européens sont en réalité concomitants. La préoccupation orientant la réflexion et les décisions de l'UE à propos de la Turquie devrait être celle de la complémentarité, mais la question qui se pose est alors de savoir si l'Union européenne possède l'ambition d'exercer une influence politique internationale, notamment sur les régions situées à sa périphérie. En outre, si la construction de l'UE ne se fixe pas le projet, certes ambitieux, de peser sur l'échiquier des relations internationales, on peut alors douter de la validité dudit projet. Si les facteurs de blocage deviennent plus importants que les avancées entre les deux parties, la Turquie pourrait être amenée à renégocier les bases de ses relations avec l'UE et surtout la pousser à une politique étrangère et de sécurité beaucoup plus autonome. Les nuisances d'une telle stratégie pourraient se révéler considérables pour l'UE en introduisant une marge supplémentaire d'imprévisibilité dans un jeu international déjà très instable.

Refuser la perspective de l'intégration de la Turquie, c'est incontestablement prendre le risque de la renvoyer à une politique de repli nationaliste à laquelle personne n'a intérêt. Et pourtant, force est de constater que les rebuffades de l'Union ont induit en Turquie un réel désamour.

Multiplication des motifs de crispation et brouillage des perceptions : turcoscepticisme *versus* euroscepticisme[2]

Durant les années qui encadrent la date du début des pourparlers d'adhésion, toutes les études d'opinion indiquent qu'environ deux tiers de la population turque sont favorables à la perspective de l'adhésion à l'UE. Nous ne sommes plus aujourd'hui dans la même situation. En effet, si 60 % des Turcs sont encore favorables à l'adhésion (35 % défavorables et 5 % sans opinion), il est particulièrement symptomatique de constater que 77 % d'entre eux considèrent que la Turquie ne parviendra jamais à en faire véritablement partie[3].

En d'autres termes, de nombreux Turcs proeuropéens maintiennent leurs convictions et réaffirment leur souhait d'intégrer l'UE, mais jugent dans le même temps que leur pays n'y parviendra pas en raison des obstacles récurrents qui lui sont opposés. La question est alors de savoir si, pour eux, le chemin reste plus important que le but et s'il leur faut poursuivre inlassablement le mouvement de réformes, de toute façon profitables à la société turque.

Les raisons de cette amertume sont nombreuses mais pourraient s'illustrer par la sécheresse des chiffres. En 2021, soit seize années après le début des pourparlers, sur les 35 chapitres à traiter, 16 seulement ont été ouverts – dont le dernier en 2016 –, 8 sont bloqués par la Commission européenne, 6 sont bloqués par le gouvernement chypriote grec, et un seul a été négocié et refermé (sciences et recherche). On conviendra qu'à ce rythme, la Turquie peut éventuellement espérer adhérer au quatrième millénaire… nous n'osons évoquer les calendes grecques.

Et pourtant, entre 1995 et 2018, en dépit des blocages politiques et institutionnels, le volume des échanges commerciaux entre les deux parties a progressé à un rythme plus élevé que celui du commerce mondial. L'UE demeure le premier partenaire commercial de la Turquie et la Turquie

Les échanges commerciaux avec l'UE en 2020

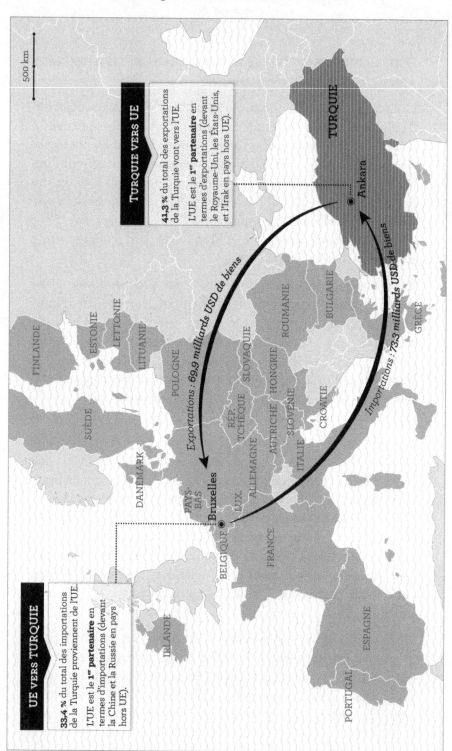

le cinquième de l'UE ; la part de cette dernière représente par ailleurs environ 75 % de la totalité des investissements directs étrangers en Turquie.

Ainsi, si l'émergence de l'euroscepticisme n'est éventuellement que conjoncturelle, elle est néanmoins profondément indicative des dynamiques actuelles. Le projet européen, qui a été un puissant fédérateur identitaire, est en passe de s'essouffler, il convient donc que les dirigeants européens tiennent compte de ce paramètre et cessent d'ostraciser la Turquie. Il serait erroné de porter une vision linéaire de l'avenir et d'envisager l'adhésion de la Turquie dans une UE qui ne se serait modifiée que quantitativement. La Turquie entrera, hypothétiquement, dans une structure européenne qui sera qualitativement transformée, ce qui permet de considérer que nombre de dossiers sur lesquels butent les relations turco-communautaires aujourd'hui seront dépassés ou du moins posés dans des termes radicalement différents. Ainsi il faut sans cesse rappeler, lorsqu'on aborde la perspective de l'intégration de la Turquie à part pleine et entière dans l'Union européenne, que la question ne se pose pas pour demain matin ou jamais… et qu'il faut respecter les rythmes d'un processus complexe tout en maintenant la perspective fixée depuis 1963.

La tentation européenne du repli : le projet en crise

Comme déjà évoqué, la candidature turque fait depuis longtemps débat au sein des États membres de l'UE. Chacun d'eux, au gré des circonstances, a pu juger habile de s'abriter derrière les opposants les plus affirmés tout en privilégiant la realpolitik qu'il jugeait nécessaire au développement de ses propres relations bilatérales. L'UE a donc rarement parlé d'une seule voix à son partenaire turc et les élargissements les plus récents ont aggravé cette situation en multipliant les points de vue, tout en indiquant que la perspective d'adhésion turque n'était plus sa priorité, la reléguant en arrière-plan de ses préoccupations.

Alors que le projet européen traverse une crise profonde, la Turquie semble cristalliser des questions qui, à défaut d'être totalement réglées, auraient au moins dû être prises à bras-le-corps depuis longtemps par les protagonistes de la construction européenne. Pour aller à l'essentiel, trois points méritent d'être mis en exergue : la délimitation des frontières européennes, la définition de l'identité européenne et enfin la pertinence du niveau européen pour décider et agir dans un monde global.

Les tentations turques de nouveaux horizons : mythes et réalités

Dans son article 28, l'accord d'Ankara de 1963 traçait clairement la perspective de l'adhésion, le jour venu, de la Turquie à la CEE. À cette date, cette dernière ne comptait que les six membres fondateurs et venait de refuser une première tentative d'adhésion du Royaume-Uni. Ce simple rappel permet de mesurer l'ampleur du désappointement turc qui se voit aujourd'hui refuser la perspective d'entrer dans une UE qui comprend désormais 27 membres. Le fait aussi, par exemple, que la Croatie, qui a entamé le processus de pourparlers avec l'UE à la même date que la Turquie, ait pu adhérer à cette dernière en 2013, contribue à diffuser la perception de la pratique d'un deux poids, deux mesures. La Turquie y voit, à juste titre, le signe d'une méfiance croissante à son égard, voire une certaine forme de mépris.

Dans un monde en pleine mutation, la Turquie reconsidère sa place jusqu'à donner l'impression d'envisager de nouveaux partenariats, sans parler des décisions de politique intérieure ayant récemment fait évoluer son modèle sociétal dans un sens divergeant des normes européennes. Ainsi, des débats récurrents se sont cristallisés sur les principes à promouvoir, et le retour à des références qui avaient disparu des débats politiques depuis longtemps, telle par exemple l'évocation de la lutte séculaire entre l'Occident et l'Empire ottoman, ne manque pas d'interpeller. Cette recherche d'une voie différente ne pouvait éviter la référence religieuse, et c'est sans doute à ce niveau que résident les changements de paradigme les plus visibles.

La résurgence des référents confessionnels dans le débat public semble posséder sa logique : pourquoi la Turquie échapperait-elle aux angoisses qui tenaillent les sociétés européennes elles-mêmes en manque de projet ? Cette inflexion est dans le même temps objet d'inquiétudes nouvelles dans la société turque, au sein de laquelle une partie de la population s'interroge désormais ouvertement sur la capacité, voire la volonté, de l'UE de faire contrepoids à un système de valeurs qui avaient été jugulées par les principes kémalistes depuis la proclamation de la République. Dès lors, l'aspiration à l'UE des segments les plus occidentalisés de la population ne semble peut-être plus le moyen d'achever l'occidentalisation de la société mais bien d'assurer, sur le long terme, son équilibre entre ce qu'il est convenu d'appeler l'Orient et l'Occident.

Les dernières échéances électorales – référendum constitutionnel d'avril 2017, élections présidentielles et législatives de juin 2018, municipales de 2019 – révèlent qu'en dépit de ses évolutions, la société turque reste partagée en deux. Il faut y voir, non un clivage religieux, mais plus fondamentalement un antagonisme entre deux conceptions des principes d'organisation de la société et de la façon de les exercer.

Adhésion, intégration, négociations, partenariat privilégié : le piège des mots et des postures

Les refus explicites d'une adhésion pleine et entière de Nicolas Sarkozy et d'Angela Merkel, se prononçant conjointement pour un « partenariat privilégié » dès 2007, ont été réitérés, voire aggravés, par la chancelière à l'automne 2017 lors de la campagne des élections législatives allemandes, puis par Emmanuel Macron en 2018 qui considèrent, l'un et l'autre, que la perspective de l'adhésion n'est désormais plus envisageable. Ces refus vont amplifier les tensions, fruits des hésitations des gouvernements européens sur fond de défiance croissante à l'égard des évolutions politiques en Turquie et sous la montée, au sein des opinions publiques, des replis identitaires liés, en large partie, aux questions d'immigration et au sentiment d'angoisse face au terrorisme islamiste.

S'est insinuée, puis a semblé s'imposer, l'idée que la Turquie pouvait difficilement prétendre à une intégration à part pleine et entière ; l'on a pu alors assister au spectacle paradoxal de dirigeants politiques européens discutant ouvertement d'un « partenariat privilégié » en même temps que se poursuivaient les négociations d'adhésion. On ne saurait alors s'étonner que les dirigeants turcs aient pu avoir le sentiment de ce qu'ils appellent un double standard, accusant fréquemment les dirigeants européens de duplicité.

La confusion atteint un sommet lorsque l'UE – ou du moins la chancelière Angela Merkel – redécouvre brusquement, corrélativement aux développements de la crise en Syrie, un autre visage de la Turquie, c'est-à-dire celui d'un partenaire stratégique indispensable dans une région en pleines turbulences. Cette contradiction majeure entre une posture critique de plus en plus vive à l'égard des entorses à l'État de droit en Turquie et celle d'un marchandage fébrile à propos du dossier des réfugiés en 2016 n'a guère contribué à combler, au sein de l'UE, la crise de confiance entre les citoyens et leurs gouvernants. Elle n'a pas non plus renforcé sa crédibilité vis-à-vis de l'opinion publique turque.

Ainsi le débat européo-turc ne peut se réduire, à ce stade, à la seule question de l'adhésion de la Turquie à l'UE. Il est révélateur d'hésitations existentielles qui touchent chacun de deux partenaires et qui obligent à remettre le débat en perspective dans une approche plus globale. On peut considérer sans exagération que la candidature de la Turquie est en elle-même une sorte de miroir agité à la face de l'UE lui révélant, et la renvoyant, à ses propres limites et contradictions. Comme l'expliquait Nilüfer Göle : « Plus la Turquie se transforme et devient un candidat éligible pour le projet européen, plus le débat glisse du "dossier turc" vers un questionnement propre à l'identité de l'Europe[4] ». C'était en 2004.

Des perceptions réciproques biaisées

La vision de la Turquie projetée par les Européens est biaisée par plusieurs facteurs visibles ces dernières années. Le fait que la Turquie, en cas d'adhésion, s'affirmerait *de facto* comme le pays le plus peuplé du nouvel ensemble et détiendrait dans l'arithmétique institutionnelle européenne une place équivalente à l'Allemagne, inquiète d'autant plus certains que le pays est à majorité musulmane[5]. Cela n'était pourtant pas apparu, dans un premier temps, comme une question insurmontable. La situation s'est depuis lors modifiée, à l'aune de la défiance diffuse mais croissante envers les citoyens de confession musulmane. La Turquie, qui aurait dû apparaître comme le plus sûr rempart contre le terrorisme se réclamant de l'islam, a été perçue au cours des dernières années, notamment à cause de la politique qu'Ankara a développée dans sa gestion de la crise syrienne, comme ayant une attitude ambiguë à l'égard de certains groupes djihadistes.

Le débat sur l'immigration, cantonné pendant longtemps aux organisations de l'extrême droite et de la droite radicale, est devenu au sein de l'UE une question politique majeure. Outre le retour de certaines craintes millénaristes de populations désormais incertaines de leur avenir et n'assurant pas leur propre renouvellement démographique, s'est ajoutée la prise de conscience du relatif échec des politiques d'intégration des populations immigrées. Pendant longtemps, l'intégration de la communauté turque a pu être donnée en exemple – à tort probablement –, notamment en Allemagne, et il n'est pas indifférent de constater que c'est dans ce pays que les agressions ont été particulièrement violentes à son encontre.

Une proportion non négligeable, mais fluctuante, de l'opinion publique turque a développé pour sa part une forme de méfiance à l'égard de l'UE, suspectée de ne jamais tenir ses engagements. Ainsi, la question des liens entre le Parti des travailleurs du Kurdistan (PKK) et l'UE constitue un facteur de tensions récurrent[6]. Depuis plusieurs années, Ankara dénonce l'attitude de ses partenaires européens accordant des permis de séjour et de travail à des membres du PKK, organisation pourtant qualifiée de terroriste par l'UE elle-même. Le tollé provoqué en mars 2016 par l'autorisation d'une manifestation du PKK devant le bâtiment de la Commission européenne alors qu'Ahmet Davutoğlu – à l'époque Premier ministre – négociait l'accord sur la question migratoire, et deux jours après qu'un attentat revendiqué par un groupe dissident du PKK a endeuillé la capitale turque, illustre ce qu'Ankara dénonce fréquemment comme une politique de double langage pratiquée par l'UE. Les reproches sont aussi fréquemment formulés quant à la timidité du soutien apporté aux autorités turques au moment de la tentative de coup d'État du 15 juillet 2016.

LA RELATION EURO-TURQUE COMME MULTIPLICATEUR DE PUISSANCE

En dépit de son élargissement et de sa puissance apparente, au moins sur le plan statistique, l'UE n'a pas encore atteint une masse critique politique suffisante pour parler d'égal à égal avec les États-Unis ou la Chine. Si l'on met à part la Russie, dont personne ne pense qu'elle a vocation à entrer dans l'UE, la Turquie est son plus puissant voisin du fait de sa population, sa position stratégique et son économie, en dépit des difficultés actuelles qui affectent cette dernière.

La Turquie peut, pour sa part, apparaître comme traversant une forme d'isolement relatif dans un Moyen-Orient instable, dans lequel elle voit une menace pour sa propre sécurité, et un ensemble méditerranéen qui ne parvient pas à s'affirmer. Malgré ses atouts, la Turquie ne peut se projeter dans l'avenir sans partenariats efficients. Maintenir et approfondir ses liens avec l'UE devrait sembler constituer une solution prioritaire pour elle en raison de la capacité d'attraction persistante du modèle européen et la nécessité de développer ses échanges avec des économies considérées comme plus développées, susceptibles de contribuer à lui faire passer le cap des économies à revenu intermédiaire.

C'est à la lumière de ces observations que se justifie la nécessité de maintenir d'étroites relations entre la Turquie et l'UE qui constituent, ou devraient constituer, une priorité pour les deux parties.

Un paramètre supplémentaire s'impose probablement dans la conjoncture politique que nous traversons, marquée par la remise en cause du multilatéralisme. Ce concept, dont beaucoup pensaient qu'il irriguait fermement le cours des relations internationales, a en effet subi les coups de boutoir des États-Unis sous la présidence de Donald Trump et, corollairement, de quelques-uns de ses proches alliés. La France, pour sa part, affirme mener un combat résolu en défense du multilatéralisme, et il lui importe alors non seulement de trouver des partenaires mais aussi de susciter des initiatives communes. Force est de reconnaître que sur des dossiers tels ceux du transfert de l'ambassade états-unienne à Jérusalem, la remise en cause de l'accord sur le nucléaire iranien ou le plan Trump-Netanyahou formulé en janvier 2020, les positions de Paris et d'Ankara convergent. C'est pourquoi la mise en œuvre de résolutions ou de propositions communes aurait un véritable sens. On sait aussi les préventions du président Erdoğan à l'encontre du système actuel d'organisation de l'ONU et notamment ses critiques du nombre très réduit des membres permanents du Conseil de sécurité. Les raisons sous-jacentes de ces prises de position ne sont certes pas partagées par la France, néanmoins on pourrait imaginer la tentative d'élaboration de positions communes quant à la réforme de l'organisation multilatérale. Les vives tensions manifestées à Paris au cours de l'année 2020 à l'encontre des interventions militaires turques dans le Nord de la Syrie, dans le conflit libyen ou lors des initiatives d'Ankara en Méditerranée orientale n'en sont que plus regrettables.

De la même façon, de parcellaires convergences ont été établies à propos de l'analyse et des positions formulées sur la guerre en Syrie. L'invitation, le 27 octobre 2018, du président Macron à un mini-sommet organisé à Istanbul avec Vladimir Poutine et

Angela Merkel, montre assez bien l'intérêt que Paris peut avoir à un tel type d'initiative, lui permettant potentiellement de se replacer au centre des nécessaires avancées politiques et diplomatiques concernant la crise syrienne.

Si l'on veut résumer la question abruptement, l'UE serait-elle oui ou non en position de peser plus efficacement sur son environnement stratégique en diversifiant et en approfondissant ses liens et en multipliant les initiatives avec la Turquie ? De notre point de vue, la réponse est affirmative, et la mise en œuvre de véritables synergies serait très certainement un multiplicateur de puissance bénéfique.

Refonder la relation
Se parer des postures contre-productives

Les ambiguïtés ou les silences européens se manifestent donc à un moment où la Turquie s'interroge plus qu'on ne le pense communément sur son propre avenir. L'attitude de l'UE pourrait se révéler, à cet égard, capitale. Des gestes modifiant le cours politique suivi par le gouvernement d'Ankara sont légitimement escomptés, mais l'UE ne saurait non plus continuer à conditionner le moindre contact au respect, certes indispensable, des critères élaborés par elle-même et que tous les démocrates turcs partagent. Le paradoxe serait qu'au nom de ces principes, l'UE abandonne ces derniers alors même que la volonté d'adhésion, certes prudente, est encore partagée par 60 % de la population.

Les réflexions partagées ici, s'inscrivant dans le long terme, ne garantissent pas un avenir commun mais indiquent le coût d'un éventuel échec. C'est pourquoi, en dépit de la résolution adoptée par le Parlement européen le 24 novembre 2016, par exemple, demandant le gel des négociations d'adhésion, ou des déclarations de dirigeants politiques européens allant dans le même sens, cesser les contacts de manière ostentatoire serait la pire des méthodes et induirait des conséquences négatives.

On peut aussi s'interroger sur l'opportunité de l'analyse émise par le président Emmanuel Macron lors de son discours aux ambassadeurs, le 27 août 2018, qualifiant la politique du président turc de « projet panislamique régulièrement présenté comme antieuropéen ». Expression qui questionne d'autant plus qu'elle est formulée à un moment où la France, après des années d'hésitation, prétend être en mesure de jouer un nouveau rôle décisif sur les scènes européenne et internationale. La volonté énoncée du président français de refonder les modalités de la construction de l'UE devrait alors constituer une fenêtre d'opportunité se déclinant aussi dans la relation à la Turquie. Néanmoins, force est de constater que les velléités d'Emmanuel Macron ont sur ce point vite marqué leurs limites.

Privilégier dialogue et pragmatisme

Le nécessaire maintien des relations avec la Turquie ne signifie pas pour autant que l'objectif d'adhésion doive être réaffirmé comme un impératif à court terme. Il est donc urgent de ne pas ajouter à des difficultés réelles une dramatisation inutile. Il convient au contraire de conserver son sang-froid tout en ne manquant pas de rappeler à la Turquie que l'on ne peut pas prétendre faire partie d'un ensemble comme l'UE sans en respecter les engagements.

Il faut alors avoir le courage de dire à la Turquie qu'il n'y a pas, à son égard, de problème culturel mais éventuellement une difficulté politique, car il s'agit en l'occurrence de défendre avant tout des principes. Nous ne ferions que formuler une banalité en répétant qu'une telle assertion nécessite de radicalement refonder les modalités de la construction européenne, ce qui n'est certes pas une mince affaire mais constitue la seule solution qui permettrait de relancer une forme de relation apaisée et plus positive avec Ankara.

La France possède une responsabilité particulière dans cette perspective. En dépit de la stratégie autoritaire du président Erdoğan, qui constitue un paramètre incontournable des difficultés de la relation avec la Turquie, il est impérativement nécessaire de mettre en perspective cette dernière et de ne pas uniquement raisonner en fonction de l'échéance électorale à venir la plus proche. La France, nation politique, est probablement la mieux placée pour pouvoir relancer sur d'autres bases la relation de l'UE avec Ankara, sans faux-fuyants et sans fausses promesses. Pour autant, la dégradation de la relation bilatérale au cours de l'année 2020 et les postures belliqueuses des deux présidents n'ont pas manqué de susciter de vives préoccupations. Pour autant, la raison politique semblant heureusement à nouveau s'imposer, on peut constater une fragile mais réelle decrispation entre les deux chefs d'État au cours du premier semestre 2021, comme l'atteste leur rencontre lors du sommet de l'OTAN, le 14 juin à Bruxelles.

Quels projets pour quelle dynamique vertueuse ?

Cela signifie qu'il faut défricher de nouveaux terrains pour que la relation entre l'UE et la Turquie puisse s'inscrire dans un horizon positif susceptible de fournir un sens à des initiatives concrètes. Dans son discours aux ambassadeurs, déjà évoqué, le président Macron préconise la création d'un partenariat stratégique avec la Turquie « qui n'est pas l'adhésion à l'UE ». La méthode a le mérite d'être claire et évite les circonvolutions stériles ; les réactions négatives n'ont d'ailleurs pas tardé à se manifester à Ankara. Néanmoins, si intégrer la Turquie dans la perspective d'un partenariat stratégique peut receler des atouts, ce dernier dépendra *in fine* de la capacité de l'UE à constituer une architecture de sécurité et de défense européenne. C'est pourquoi, au vu des incertitudes sur la possibilité d'y parvenir, d'autres dossiers doivent alimenter les relations turco-européennes, sous peine de les vider de toute substance.

Il ne s'agit pas ici de rédiger une feuille de route mais plus modestement de soumettre quelques pistes, qu'il faut initier, développer ou poursuivre de façon à incarner une volonté et un projet. On se permettra en outre de présenter ces pistes en les hiérarchisant et en tentant de tenir compte des intérêts français et/ou européens ainsi que de ce que l'on peut décrypter des attentes turques.

Il s'agit tout d'abord de la révision et de l'approfondissement de l'accord d'union douanière entré en vigueur en 1996. Ce serait un espoir pour une partie des forces économiques turques qui craignent qu'un *statu quo* se révèle préjudiciable aux échanges et à la croissance économiques. Ces acteurs considèrent, à juste titre, que l'union douanière fut conçue dans la perspective d'une adhésion et que sa non-effectivité induit une relation asymétrique.

Si la révision de l'union douanière peut paraître souhaitable, sa réalisation n'est rien moins qu'évidente. La demande de mandat existe et a été formulée par la Commission auprès du Conseil européen en décembre 2016, en y intégrant des critères de conditionnalités relatifs à la situation des droits de l'homme et des droits démocratiques. Le Parlement européen a, pour sa part, appelé à l'ouverture des négociations sur ce point en juillet 2017. Depuis lors, aucune avancée concrète n'a été réalisée.

Les principaux domaines de cette révision posent des questions difficiles à résoudre dans l'état actuel des relations politiques, l'agriculture, les services ou les marchés publics constituant des domaines particulièrement sensibles. Pour mémoire, agriculture, transports, union douanière sont justement 3 des chapitres (11, 14, 29) des pourparlers d'adhésion qui sont aujourd'hui bloqués par l'UE. Il serait souhaitable de rapidement prendre les initiatives nécessaires pour dépasser cette situation.

Les enjeux énergétiques devraient ensuite constituer un domaine de coopération de première importance : l'Union européenne importe massivement des hydrocarbures, or la Turquie s'affirme graduellement comme un *hub* énergétique incontournable. Ces paramètres devraient aisément convaincre les parties au dossier de créer des synergies et d'avancer plus nettement dans les projets communs. Cela supposerait notamment d'ouvrir le chapitre « énergie » des pourparlers d'adhésion, indiquant ainsi une manifestation de volonté tangible.

Au-delà de ce qui relève des seuls pourparlers d'adhésion, les dossiers afférents aux questions énergétiques sont multiples et ont tous de fortes connotations politiques. Deux exemples illustrent cet aspect.

Chypre tout d'abord : nous savons que de vives tensions existent entre la Turquie et la partie grecque de l'île concernant l'exploration des hydrocarbures en Méditerranée orientale. Ces difficultés s'expliquent notamment, bien que non exclusivement, par la non-résolution de la question chypriote au sujet de laquelle l'UE se révèle impuissante, car juge et partie depuis l'adhésion de la seule partie chypriote grecque en 2004. Au vu des enjeux, et en dépit des difficultés, une initiative européenne de bons offices serait toutefois opportune pour tenter de faire baisser les crispations croissantes et débloquer la situation. Elle correspondrait en outre aux besoins objectifs européens et français en matière de diversification des sources d'approvisionnement énergétique.

L'Iran ensuite : l'UE a proclamé à plusieurs reprises qu'elle était en désaccord avec les décisions unilatérales de l'administration Trump et la Turquie a, pour sa part, indiqué qu'elle ne céderait pas aux pressions états-uniennes. N'y a-t-il pas possibilité de faire converger les points de vue, de prendre des initiatives communes sur ce dossier, qui manifesteraient assez clairement qu'en la matière, nos convergences sont plus importantes que nos divergences ? La France et l'UE illustreraient alors concrètement leur volonté de se projeter dans l'avenir avec la Turquie sans ressasser stérilement les différends.

C'est ce type d'initiatives qui non seulement permettrait de recréer un climat de confiance favorable à la refondation de la relation euro-turque, mais aussi se révélerait mutuellement bénéfique dans l'hypothèse où il serait mis en œuvre. Outre les aspects qui relèvent strictement du domaine de l'exploitation et de l'acheminement des hydrocarbures, il s'agirait ainsi de décliner le fort potentiel de complémentarité qui existe avec nos partenaires turcs et la nécessité de démontrer que nul n'est obligé de passer sous les fourches caudines de Washington et des sociétés pétrolières états-uniennes.

Un élément de continuité à promouvoir et à approfondir réside dans la gestion des suites de l'accord du 16 mars 2016, tendant à limiter et contrôler les flux de migrants provenant de Turquie. Cet accord a été un succès quantitatif incontestable au point de quasi tarir le flux en direction des côtes grecques. Certes, les points de divergences persistent : outre les questions juridiques, ce sont celles afférentes aux versements des engagements financiers de l'UE qui posent question. Les autorités turques affirment que les dépenses engagées en faveur des réfugiés correspondaient en 2016 à 1,1 % du PIB turc, dont seulement 5 % seraient pris en charge par les aides internationales[7]. Ces questions sont essentielles mais devraient pouvoir être surmontées si la volonté politique existe. Pour ce faire, il est néanmoins impératif que les autorités d'Ankara abandonnent définitivement toute posture de chantage sur ce dossier.

Un autre aspect sensible concerne la libéralisation des visas pour les séjours de courte durée. Particulièrement symbolique, la mise en place de ce régime de libre déplacement était conditionnée par le respect de 72 critères, selon une feuille de route adoptée le 16 décembre 2013. La Commission européenne considère que 7 critères doivent encore être satisfaits, dont le plus sensible est la révision de la législation turque destinée à lutter contre le terrorisme, considérée par de nombreux États européens comme insuffisamment précise et protectrice des droits fondamentaux. Ces exigences peuvent apparaître légitimes tout en considérant qu'il est peu efficace de les poser de manière comminatoire à un pays qui a été victime de nombreuses opérations terroristes au cours des dernières années, et il serait probablement plus efficient de trouver une formule de compromis avec les autorités turques pour enfin surmonter de tels blocages. Ne cédons pas par ailleurs aux fantasmes de certaines forces politiques européennes qui considèrent que la suppression des visas entraînerait mécaniquement une vague d'immigration d'origine turque, ce que pourtant aucune étude sérieuse ne permet d'affirmer.

D'une façon plus générale, le dossier de la lutte antiterroriste constitue l'exemple d'une coopération nécessaire et efficace entre l'UE et la Turquie. Il suffit de consulter une carte de la géographie régionale pour comprendre que ce pays revêt un rôle pivot essentiel dans la coopération des services de police et du renseignement engagés dans le combat contre les organisations terroristes. Cette lutte commune existe bien évidemment d'ores et déjà et démontre jusqu'alors son efficacité, il s'agit de la pérenniser.

Probablement, la nécessité de refonder la relation avec la Turquie ne pourra s'envisager que par la refondation de l'Union européenne elle-même. Une nouvelle page doit être écrite, et il semble qu'il soit plus que jamais nécessaire de repenser la Turquie à l'aune d'un projet européen radicalement différent.

À cet égard, une conjoncture internationale désormais plus instable et anxiogène est à la fois la pire et la meilleure des situations : elle peut encourager la tentation du cavalier seul, le retour nostalgique aux jeux du concert européen du XIXe siècle ou de la Guerre froide qui ne peuvent qu'être sans avenir. En revanche, elle peut être un appel à l'imagination et une invitation à récréer les vieilles solidarités pour les hisser au niveau des exigences de relations désormais mondialisées. Refonder l'UE par le respect de la diversité des peuples est l'un des chemins par lesquels passe un retour à une considération à nouveau attentive à l'égard de la Turquie, en évitant la tentation de la condescendance ou du mépris. Il faut pour ce faire que les dirigeants actuels sachent se parler et mettent de la finesse ou de l'intuition dans des relations qui hésitent entre le formalisme et les anathèmes d'un côté et les excès nés du sentiment d'être sous-estimé ou incompris de l'autre.

La France, à cet égard, parce qu'elle est une nation politique, est susceptible de permettre une réactivation des relations euro-turques. Elle ne doit pas pour autant se laisser entraîner dans une nouvelle compétition au sein de l'UE à propos de la Turquie. Elle doit être présente pour rappeler les enjeux et affirmer la nécessité de ne pas rompre. Pour ce qui est de la Turquie, la volonté de l'aider devrait être entière mais, ainsi que l'énonce fréquemment un ancien ambassadeur de France à Ankara, elle a besoin que « la Turquie l'aide pour pouvoir l'aider ».

Il est exclu que l'UE et la Turquie refondées n'aient pas un avenir commun. Il s'agit donc plus que jamais de dissiper les défiances qui empêchent de fluidifier nos relations avec ce pays et qui, par méconnaissance ou par faiblesse, ne permettent pas de leur donner la densité dont elles ont besoin.

Nous faisons nôtre la belle expression de Cengiz Aktar lorsqu'il nous explique : « Aujourd'hui, si l'élargissement vers l'Est consiste à intégrer l'autre Europe, l'élargissement vers la Turquie consistera à intégrer l'Autre de l'Europe[8]. »

Notes

1. *Information Mémo*, porte-parole officiel de la CEE, Bruxelles, 12 septembre 1963.

2. Une partie des réflexions qui suivent a été alimentée par de multiples échanges avec Alain Delcamp lors de la préparation d'un rapport que nous avons conjointement remis à l'Institut du Bosphore lors de son séminaire annuel d'octobre 2017. Alain Delcamp, Didier Billion, *Les Relations franco-turques au prisme de la lucidité : comment être plus efficace ?*, Institut du Bosphore, octobre 2107, www.institut-bosphore.org/wp-content/uploads/2019/06/RAPPORT-EN-1810-A.Delcamp-D.Billion-.pdf

3. TEPAV (Fondation de recherche sur les politiques économiques de Turquie) et IKV (Fondation de développement économique), Recherche sur le soutien de l'Union européenne et la perception de l'Europe auprès de l'opinion publique de Turquie [Türkiye Kamuoyunda Avrupa Birliği Desteği ve Avrupa Algısı Araştırması], Iktisadi Kalkınma Vakfi, Istanbul, n° 307, 2019, www.ikv.org.tr/images/files/%C4%B0KV%20Kamuoyu%20ara%C5%9-Ft%C4%B1rmas%C4%B1(1).pdf

4. Nilüfer Göle, « Turquie : un "désir d'Europe" qui dérange », *Lettres aux turco-sceptiques*, Cengiz Aktar (dir.), Paris, Actes Sud, 2004, p. 70.

5. Ces craintes sont néanmoins infondées puisque le traité de Lisbonne, signé en décembre 2007, a codifié un équilibre contraignant entre le principe d'égalité des États et la reconnaissance de leur poids démographique respectif. Voir www.consilium.europa.eu/fr/council-eu/voting-system/qualified-majority/

6. Agence Anadolu, « Les terroristes du PKK sont sous la protection de l'UE », 1er septembre 2015, http://aa.com.tr/fr/turquie/les-terroristes-du-pkk-sont-sous-la-protection-de-lue-experts/15317

7. *OECD Economic Surveys – Turkey*, Paris, OECD, juillet 2016, p. 26.

8. Cengiz Aktar, « Pour l'Europe puissance », *Lettres aux turco-sceptiques*, Cengiz Aktar (dir.), Paris, Actes Sud, 2004, p. 34.

Pour conclure... provisoirement

Les réflexions développées au long de ces pages, loin d'être exhaustives, se sont fixé l'objectif de fournir des clés de compréhension et des grilles d'analyse pour tenter de mieux appréhender les processus en cours dans un pays qui a connu, et connaît, de remarquables bouleversements. L'ampleur des défis que doit affronter la Turquie est considérable, les progrès et les évolutions qui ont rythmé ces dernières décennies ne le sont pas moins.

On ne peut qu'être impressionné par les transformations qui ont radicalement modifié la physionomie de ce pays. En dépit des difficultés conjoncturelles, parfois aussi structurelles, les avancées à l'œuvre sont porteuses d'avenir. Pour autant, les nombreux obstacles ne seront pas surmontés comme par un coup de baguette magique et les polarisations sociales et politiques qui affectent la Turquie génèrent de violentes crispations, voire parfois des formes de régression.

Les turbulences économiques, la stratégie liberticide du pouvoir et les manquements démocratiques, la mise en œuvre de nouveaux paradigmes identitaires qui heurtent une partie des citoyens, la lancinante question kurde, les soubresauts des situations régionales et internationales, le blocage européen se conjuguent et rendent la situation du pays infiniment compliquée. Néanmoins, il n'y a aucune raison de considérer que les facteurs de blocage l'emporteront sur les dynamiques de changement.

C'est pourquoi les jugements biaisés fréquemment formulés à son encontre ne permettent non seulement pas de comprendre la Turquie, mais se révèlent en plus contre-productifs, parce qu'ils risquent de nous priver des possibilités de conforter notre relation avec un partenaire qui s'affirme comme incontournable. Il serait alors bien fondé de cesser de propager une vision par trop dépréciative de ce pays pour, enfin, le considérer à son juste niveau. Pour ce faire, il faut le courage politique de la clarté, savoir combiner exigence du respect des principes et des règles de fonctionnement qui doivent être ceux d'un État de droit et multiplier les initiatives pour parvenir à mieux initier et renforcer les coopérations plurielles dont nous restons persuadés qu'elles peuvent être fécondes.

Il serait vain de nier les divergences avec les autorités turques sur de nombreux dossiers, mais il serait erroné d'en tirer prétexte pour laisser notre relation se détériorer. Une urgente réévaluation s'impose ainsi dans notre perception et notre compréhension de la Turquie.

Annexe

Résultats des principales élections turques au suffrage universel entre 1995 et 2019

Élections	1995	1999	2002	2004	2007	2009	2010	2011
Type d'élections	Législatives	Législatives	Législatives	Municipales	Législatives	Municipales	Référendum	Législatives
Taux de participation (%)	84,25	87,09	79,1	76,25	84,2	85,19	73,71	83,2
AKP	–	–	34,63 [363]	41,67	46,3 [341]	38,39	Oui : 57,9 Non : 42,1	49,8 [327]
CHP	10,71	8,71	19,41 [178]	18,23	20,88 [112]	23,08	–	26 [135]
MHP	8,18	17,98	8,35	10,45	14,27 [71]	15,97	–	13 [53]
Partis prokurdes	4,17 (HADEP)	4,75 (HADEP)	6,14 (DEHAP)	5,15 (SHP+ DEHAP)	5,32 [22] (DTP)	5,7 (DTP)	–	6,6 [36] (BDP)
DYP	19,18	12,01	9,54	9,96	5,4 (DP = DYP+ANAP)	3,84 (DP)	–	0,7 (DP)
ANAP	19	13,22	5,12	2,25	–	0,76	–	–
Partis islamistes	21,38 (RP)	15,41 (FP)	2,5 (SP)	4,2 (SP)	2,3 (SP)	5,2 (SP)	–	1,3 (SP)

Élections	2014 Mars	2014 Août	2015 Juin	2015 Novembre	2017 Avril	2018	2018	2019
Type d'élections	Municipales	Présidentielles	Législatives	Législatives	Référendum	Présidentielles	Législatives	Municipales
Taux de participation (%)	89,19	74,12	83,9	85,23	85,32 Oui : 51,41 Non : 48,59	86,23	86,23	84,66
AKP	45,31	51,79 (R.T. Erdoğan)	40,9 [258]	49,5 [317]	–	52,60 (R.T. Erdoğan)	42,56 [295]	44,42
CHP	25,59	38,44 (E. İhsanoğlu)	25 [132]	25,3 [134]	–	30,64 (M. İnce)	22,64 [144]	30,07
MHP	17,63	–	16,3 [80]	11,9 [40]	–	–	11,10 [49]	7,25
İP	–	–	–	–	–	7,29 (M. Akşener)	9,96 [43]	7,46
Partis prokurdes	4,64 [36] (BDP)	9,76 (S. Demirtaş)	13,2 [80] (HDP)	10,76 [59] (HDP)	–	8,40 (S. Demirtaş)	11,70 [67] (HDP)	4,24
DYP	0,03	–	0,2	0,03	–	–	–	–
ANAP	–	–	–	–	–	–	–	–
Partis islamistes	2,78 (SP)	–	2,1 (SP)	0,68 (SP)	–	0,89 (T. Karamollaoğlu)	1,34 [2] (SP)	2,68
VP	–	–	–	–	–	0,20 (D. Perinçek)	0,23	

Lecture : Les chiffres entre crochets indiquent le nombre de sièges à la Grande Assemblée nationale de Turquie.

AKP : Parti de la justice et du développement, parti conservateur musulman fondé en 2001, au pouvoir depuis 2002, dirigé par Recep Tayyip Erdoğan.

ANAP : Parti de la mère patrie, parti de centre droit fondé en 1983, aujourd'hui disparu.

BDP : Parti de la paix et de la démocratie, parti prokurde, aujourd'hui disparu.

CHP : Parti républicain du peuple, parti kémaliste, fondé en 1923, refondé en 1992 après avoir été dissous à la suite du coup d'État de 1980, dirigé par Kemal Kiliçdaroğlu.

DEHAP : Parti démocratique du peuple, parti politique prokurde, fondé en 1997, aujourd'hui disparu.

DTP : Parti de la société démocratique, parti politique prokurde, fondé en 2005, interdit en 2009, aujourd'hui disparu.

DYP : Parti de la juste voie, parti de centre droit, fondé en 1983, aujourd'hui disparu.

FP : Parti de la vertu, parti islamiste, fondé en 1998, interdit en 2001, aujourd'hui disparu.

HADEP : Parti de la démocratie du peuple, parti politique prokurde, fondé en 1994, interdit en 2003, aujourd'hui disparu.

HDP : Parti démocratique des peuples, parti kurdiste de gauche, fondé en 2012, dirigé par Pervin Buldan et Mithat Sancar.

IP : Bon parti, parti de centre droit, issu d'une scission du MHP en 2017, dirigé par Meral Akşener.

MHP : Parti d'action nationaliste, partie de la droite radicale, nationaliste, fondée en 1969, refondé en 1993 après avoir été dissous à la suite du coup d'État de 1980 puis avoir connu diverses dénominations, dirigé par Devlet Bahçeli.

RP : Parti de la prospérité (ou Parti du bien-être), parti islamiste, fondé en 1983, interdit en 1998, aujourd'hui disparu.

SHP : Parti social-démocrate populaire, fondé en 2002, aujourd'hui disparu.

SP : Parti de la félicité, parti islamiste, fondé en 2001.

VP : Parti de la patrie, parti kémalo-nationaliste, fondé en 2015, dirigé par Doğu Perinçek.

Bibliographe indicative

Cengiz Aktar (dir.), *Lettres aux turco-sceptiques*, Paris, Actes Sud, 2004.

Tolga Bilener, *La Turquie et la Chine – Une nouvelle convergence en Eurasie ?*, Paris, L'Harmattan, 2019.

Didier Billion, *L'Enjeu turc*, Paris, Armand Colin, 2006.

Didier Billion, *La Politique extérieure de la Turquie – Une longue quête d'identité*, Paris, L'Harmattan, 1997.

Ariane Bonzon, *Turquie, l'heure de vérité*, Paris, Empreinte temps présent, 2019.

Hamit Bozarslan, *Histoire de la Turquie – De l'Empire ottoman à nos jours*, Paris, Tallandier, 2013.

Hamit Bozarslan, *Conflit kurde – Le brasier oublié du Moyen-Orient*, Paris, Autrement, coll. « Mondes et Nations », 2009.

Louis-Marie Bureau, *La Pensée de Fethullah Gülen – Aux sources de l'« islamisme modéré »*, Paris, L'Harmattan, 2013.

Nicolas Cheviron, Jean-François Pérouse, *Erdoğan – Nouveau Père de la Turquie ?*, Paris, François Bourin, 2016.

Sabri Cigerli, Didier Le Saout, *Öcalan et le PKK – Les Mutations de la question kurde*, Paris, Maisonneuve et Larose, 2005.

Sébastien de Courtois, *Lettres du Bosphore*, Paris, Le Passeur, 2017.

Aurélien Denizeau, *Le HDP, un nouveau venu en quête d'ancrage*, Note franco-turque n° 16, IFRI, janvier 2016.

Vincent Duclert, *L'Europe a-t-elle besoin des intellectuels turcs ?*, Paris, Armand Colin, 2010.

Sylvie Goulard, *Le Grand Turc et la République de Venise*, Paris, Fayard, 2004.

Olivier Grojean, *La Révolution kurde – Le PKK et la fabrique d'une utopie*, Paris, La Découverte, 2017.

Kadri Gürsel, *Turquie, année zéro*, Paris, Les éditions du Cerf, coll. « Le poing sur la table », 2016.

Ahmet Insel, *La Nouvelle Turquie d'Erdoğan – Du rêve démocratique à la dérive autoritaire*, Paris, La Découverte/Poche, 2017.

Jana J. Jabbour, *La Turquie – L'invention d'une diplomatie émergente*, Paris, CNRS éditions, 2017.

Ali Kazancigil, *La Turquie*, Paris, Idées reçues, Le cavalier bleu, 2008.

Nicolas Monceau, *Générations démocrates – Les élites turques au pouvoir*, Paris, Dalloz, 2007.

Laurence Monnot, *Têtes de turques – Erdoğan et la condition féminine*, Paris, lemieux éditeur, coll. « 360° », 2017.

Guillaume Perrier, *Dans la tête de Recep Tayyip Erdoğan*, Paris, Solin/Actes Sud, 2018.

Marc Pierini, *Où va la Turquie ? – Carnets d'un observateur européen*, Paris, Actes Sud, 2013.

Dorothée Schmid, *La Turquie en 100 questions*, Paris, Tallandier, 2017.

Dilek Yankaya, *La Nouvelle Bourgeoisie islamique – Le modèle turc*, Paris, PUF, coll. « Proche-Orient », 2013.

Thierry Zarcone, *La Turquie moderne et l'islam*, Paris, Flammarion, 2004.

Les articles en ligne de l'Observatoire de la Turquie et de son environnement géopolitique sur le site de l'IRIS : www.iris-france.org/observatoires/observatoire-de-la-turquie-et-de-son-environnement-geopolitique